LES FEMMES.

TOME II.

Elle donne elle-même toutes les instructions nécessaires pour assurer le succès.

Frilley . Sculp.

LES FEMMES,

LEUR CONDITION

ET LEUR INFLUENCE DANS L'ORDRE SOCIAL

CHEZ DIFFÉRENS PEUPLES ANCIENS ET MODERNES ;

PAR LE VICOMTE J. A. DE SÉGUR.

> Les hommes font les lois,
> Les femmes font les mœurs.

TOME SECOND.

PARIS.

RAYMOND, Libraire, rue de la Bibliothèque, N.° 4, près du Louvre.
CHAUMEROT JEUNE, Libraire, Palais-Royal, Galeries de bois, N.° 188.

1819.

LES FEMMES.

LES FEMMES

Associées à la Chevalerie et aux actions guerrières.

Ce n'était pas assez pour les femmes d'avoir établi ce beau système, cette alliance brillante de gloire, d'amour et de loyauté. S'enivrant, en quelque sorte, elles-mêmes de l'enthousiasme qu'elles avaient voulu répandre dans tous les esprits, elles finirent par s'associer aux travaux, aux périls qu'elles faisaient braver pour elles à tant de chevaliers. Pendant quatre cents ans, l'Europe retentit tour à tour des faits d'armes des héros, et de ceux des femmes illustrées par leur bravoure et l'éclat de leurs actions militaires. Ce fut surtout aux quinzième et seizième siècles, époque de l'invasion des Turcs dans la Hongrie, les îles de l'Archipel et de la Méditerranée, qu'elles se distinguèrent le plus.

Cette horreur pour les Mahométans, pour l'esclavage auquel ils soumettaient les femmes, contribua surtout à échauffer leurs ames, susceptibles de tous les genres d'élévation et de grandeur. Les idées de religion vinrent encore augmenter le zèle héroïque qui les enflammait; et ce fut ce mélange de pensées saintes, amoureuses et chevaleresques, qui produisit tant de femmes célèbres, tant de faits que l'histoire a conservés à la postérité.

On a remarqué que les deux sexes s'observent et s'imitent tour à tour. Communément, dit un auteur moderne (*), *ils se suivent de loin, ils s'élèvent, se corrompent, se réforment ou s'amollissent ensemble.*

On croirait, en effet, que, nés pour plaire, tous deux s'étudient, cherchent à se deviner, à se mériter; mais l'imitation secrète et involontaire étant toujours la base de leurs pensées, ils s'élèvent en s'admi-

(*) Thomas.

rant, comme ils s'avilissent en se méprisant. Forcés de vivre ensemble sans pouvoir se passer l'un de l'autre, sans cesse attirés et réunis par un penchant irrésistible, après s'être blâmés, ils s'étourdissent sur ce qui les choque, s'accoutument aux vices qui les frappent, et finissent même par aimer encore ceux auxquels leur faiblesse les associe. Mais, à l'avantage de la nature humaine, cette imitation constante a peut-être une marche plus rapide dans le bien que dans le mal, surtout en fait d'héroïsme et de grandeur d'ame. Ces idées étant d'une nature susceptible d'inspirer l'enthousiasme en enflammant, elles se communiquent et se propagent. C'est par explosion qu'elles entraînent ; tandis que l'influence du vice est sourde et plus lente.

Les femmes, ayant long-temps excité le courage, voulurent donc aussi l'imiter à leur tour. Tant que la chevalerie ne fut qu'une image brillante de la guerre, tant que les tournois seuls occupèrent la vaillance en offrant l'illusion du danger, les femmes, satisfaites d'avoir fait de l'Europe une lice immense, où l'adresse et la courtoisie, la valeur et la force cherchaient une palme plus éclatante que durable ; les femmes, dis-je, se contentèrent d'être le but et la récompense de ces légers travaux. Leurs chiffres et leurs rubans étaient les seules choses qu'elles offrissent à leurs amans pour s'unir à leur gloire. Mais lorsque les circonstances devinrent solennelles, lorsque les grands mouvemens des états, les intérêts des nations, les ressorts puissans de la religion et de la politique amenèrent des guerres importantes, les femmes sentirent un besoin secret de prendre une part active à ces chocs dangereux ; l'honneur et la religion animèrent leur courage. On les vit quitter leur paisible asile pour le tumulte des camps, supporter sous les tentes toutes les fatigues des armes, oublier leur faiblesse et leur timidité naturelles, sans s'écarter jamais de cette pudeur, de cette décence si naturelles à leur sexe. Bientôt la beauté vint briller au milieu du carnage. Les places, les châteaux furent attaqués et défendus par des femmes.

Ouvrons l'histoire. Nous verrons la célèbre (*) Marguerite d'Anjou, plus courageuse que son époux Henri VI, réparer sa faiblesse, ramener la victoire sous ses drapeaux, le remettre deux fois en liberté, ne céder aux rebelles, ainsi qu'au malheur, qu'après avoir livré douze batailles, où son génie, sa bravoure et ses talens jetèrent un éclat dont on se souvient encore. Jeanne de Montfort dispute elle-même, les armes à la main, son duché de Bretagne. Les femmes de l'île de Chypre s'arrachent aux fers des Musulmans, en enflammant les poudres amoncelées en magasin; et profitant de la terreur produite par l'explosion, échappent à leurs tyrans. Combien d'autres exemples pourraient être rapportés !

Arrêtons-nous un moment, et réfléchissons sur cette conduite des femmes à l'époque que nous venons de citer. Qui pouvait donc inspirer à ce sexe cette ardeur guerrière, ce besoin de vaincre et de résister à l'oppression, cette résolution qui lui faisait

(*) Reine d'Angleterre, femme de Henri VI.

affronter les périls et la mort? Faiblesse naturelle, éducation, tout servait d'excuse et de prétexte à sa timidité; tout devait l'éloigner de cette témérité noble sans laquelle un homme est méprisable, et qui, chez une femme, cause toujours tant de surprise et d'admiration. Tout faisait aux hommes une nécessité de vaincre, tandis que les femmes, toujours en tutelle, se livrant aux chances de la guerre, défendaient, attaquaient des trônes qu'elles partageaient à peine, et même, en revenant des combats couronnées de lauriers, n'amenaient en triomphe tant d'esclaves que pour le redevenir elles-mêmes. Si, dans chaque pays, on examine avec impartialité la conduite des femmes, on se convaincra que, sans avoir été chargées d'aucun emploi, d'aucune affaire, elles ont cependant rendu d'aussi grands services que les hommes. C'est surtout dans les occasions essentielles qu'on les retrouve et qu'elles se distinguent. Les grandes circonstances seules peuvent les arracher de ces frivolités auxquelles nous les condamnons, les fixer à un objet, à une pensée ; ce qui semble difficile à obtenir d'elles. L'attention suivie est nécessaire à tout ; elle rapproche, pour ainsi dire, les idées de l'esprit ; elle les éclaire en les mettant à sa portée. Mais, chez les femmes, les idées s'offrent tout à coup d'elles-mêmes, s'arrangent plutôt par sentiment que par réflexion. La nature paraît raisonner pour elles, et leur en épargner tous les frais.

Elles sentirent promptement, qu'en s'offrant pour partager les dangers des hommes qui leur étaient chers, elles trouveraient à la fois un titre à l'estime, une jouissance pour leur cœur, et un gage de plus pour leurs sentimens. Voilà ce qui les détermina sans doute à joindre l'éclat des armes à tout l'attrait de la grâce et de la beauté. Nées pour les hommages, et s'en faisant un premier besoin, elles prennent tous les moyens de les obtenir, et marchant toujours avec leur siècle, ne voyant rien d'impossible pour en saisir l'esprit, se parent à nos yeux des palmes les plus inattendues. Quatre siècles s'écoulèrent donc, pendant lesquels l'Europe retentit des succès d'un sexe, qui tour à tour savait acquérir de la gloire et inspirer le courage et l'amour. Quel moment pour les femmes que celui où la seule volonté d'une d'elles, le seul espoir d'en être regardé, rendait un homme presque invincible, lui faisait hasarder les entreprises les plus téméraires, où l'amour plaçait dans ses mains la lyre ou la lance, exerçait à la fois ses talens et son courage, étendait son génie, et le rendait digne enfin de lauriers d'autant plus flatteurs, que la propre main de sa maîtresse venait elle-même de les mériter et de les cueillir !

PREMIERES ATTEINTES

Portées à la Chevalerie.

On se lasse de tout. Les meilleures institutions se corrompent et se dégradent, à mesure qu'elles s'éloignent du principe qui les a fait naître ; elles finissent par se détruire. Ce fut le sort de la chevalerie.

Nos anciens paladins, moins instruits que leurs descendans, étaient naïfs, francs, loyaux, suivaient, aimaient, jusqu'à la rigueur, les principes auxquels ils s'étaient soumis, sans les analyser : ils en étaient plus heureux. L'instruction vint changer ce système chevaleresque ; on apprit à lire, à écrire ; les chevaliers errans sortirent moins de chez eux, réfléchirent plus ; la paresse prit la place de l'activité, l'indifférence celle du zèle et du désir de se distinguer. Ce fut en Italie que la mollesse et cette première insouciance, si fatales à la gloire, commencèrent à se manifester. On préféra des plaisirs faciles à des travaux illustres ; on s'é-

1**

loigna des principes austères de ces guerriers qui se préparaient à la chevalerie par des exercices longs et pénibles, et qui n'y étaient admis qu'avec des solennités, où il entrait autant de pompe que de dévotion.... Combien déjà ces premières institutions étaient altérées! Les raffinemens de la galanterie, les délicatesses du point d'honneur existaient encore; mais l'amour était moins fidèle, la loyauté moins pure, la bravoure moins dévouée. Au lieu de prendre son bouclier et sa lance, on prenait un livre; et quel livre! Encore si, par les lectures, la religion et les mœurs eussent hérité de ce qu'on enlevait à la gloire, au courage, à l'amour! Mais non. On choisissait une histoire nouvelle et galante, production frivole et dangereuse de quelque auteur déjà trop corrompu lui-même, et dans les écrits duquel se glissaient adroitement cette mollesse voluptueuse, cette hardiesse de principes à la fois nouveaux et séduisans. Le chevalier ne lisait pas tranquillement ce roman, ne le lisait pas comme ses bons aïeux, sur une escabelle d'un bois dur, mais dans un fauteuil déjà commode. Ce n'était pas, comme autrefois, l'aumônier qui faisait la lecture..., mais une belle cousine du chevalier qui, oubliant elle-même le danger du plaisir qu'elle procurait et ressentait tour à tour, préparait lentement son héros constant à devenir un galant infidèle; se disposait elle-même à passer, sans s'en douter, du rôle de dame héroïque et puissante, à celui de coquette aimable, mais sans pouvoir.

Que faisait alors l'écuyer? nettoyait-il les armes? soignait-il le coursier, noble ami de son maître? Non. A son tour, il courtisait la gentille suivante de la belle cousine...... Déjà les femmes prévoyaient la fin d'une institution, par laquelle elles avaient une existence trop brillante, pour ne pas la regretter. Long-temps elle se soutint, en s'affaiblissant cependant. Les sentimens de chevalerie avaient jeté des racines si profondes, qu'on en sentit encore les effets, lorsque la cause n'existait plus. Dès qu'un grand mouvement est donné, il survit, un certain temps, à son principe, et s'anéantit insensiblement. L'histoire de cette époque en offre des preuves. On y trouve des faits qui ressemblent plus aux valeureuses tentatives de la chevalerie, qu'à des expéditions bien concertées, fruits heureux d'une saine politique; et plusieurs princes, tels que François I.er, ont été fortement atteints de cet esprit romanesque. Quelques ames vertueuses parmi les hommes, quelques femmes adroites, sévères ou exaltées, prolongèrent, surtout en France, pendant quelques momens, la durée de ce code chevaleresque, qui portait sur des bases si fragiles, que la candeur et l'ignorance en étaient les seuls soutiens. Les troubles civils le soutinrent encore. Enfin l'anarchie cessant, les rois jaloux de leur pouvoir, aidés des parlemens et des communes, parvinrent à réprimer les brigandages particuliers, à défendre la guerre de châteaux à châteaux. Ils soumirent les seigneurs aux tribunaux d'appel, c'est-à-dire aux parlemens. Avec une politique adroite, ils les attirèrent dans leurs armées et dans leurs cours. Le luxe s'établit, détruisit les fortunes; il rendit les grâces de la cour nécessaires. Les guerriers faisant des dettes, et recevant des bienfaits, se changèrent en courtisans, et ne gardèrent de leurs anciens principes, que la bravoure et le point d'honneur. La chevalerie, née au milieu des désordres, ayant triomphé de la férocité des Barbares du Nord, ne put lutter que faiblement contre la corruption des mœurs dans des momens plus tranquilles. Les hommes s'avilirent, les femmes se dégradèrent. En vain quelques souvenirs des anciens principes vinrent-ils se placer entre les passions et ceux qu'elles tyrannisaient; en vain un reste de vertu voulut-il opposer une digue aux progrès des vices. On avait trop à se reprocher. On se pardonna par faiblesse, par le besoin que les deux sexes ont toujours l'un de l'autre; on ferma les yeux sur les torts mutuels; un voile tomba sur les vices; dès-lors ils n'eurent plus de frein. La belle institution de la chevalerie perdit tout son empire; enfin, le roman de Dom Quichotte, par son succès et sa philosophie cachée sous de piquantes fictions, finit par jeter du ridicule jusque sur ses souvenirs.

LES FEMMES

Livrées aux Lettres.

Les femmes souffraient, mais ne pouvaient se plaindre des premières atteintes portées à la chevalerie. Elles-mêmes y avaient contribué, et cependant elles la regrettèrent chaque jour. Par cette institution, elles avaient régné sur les esprits, sur les ames; elles ne commandaient plus qu'aux sens. Déplacées, mécontentes d'elles-mêmes et des hommes, elles étaient tourmentées par le sentiment de leur faiblesse et par le peu d'espoir d'en triompher. Cette lutte intérieure ne pouvait durer long-temps; il fallait prendre un parti.

En Asie, où leur asservissement était presque une chose convenue, les femmes, avilies par un consentement tacite, ne songeaient pas à changer leur sort; mais en Europe, elles soutenaient avec dépit l'espèce d'interrègne amené par leur faute, ou par le caprice des hommes. Celles qui avaient le plus d'élévation et d'énergie cherchaient toujours les moyens de reprendre un peu d'existence; leur adresse était sans cesse dirigée vers ce but. D'autres, moins actives, suivaient par instinct la même pente, et plus par imitation que par calcul, espéraient encore reconquérir les hommages qu'elles avaient perdus. La religion en avait fait des martyrs, la chevalerie des êtres romanesques et guerriers: tous ces moyens de célébrité étaient usés. Il ne restait plus que les sciences et les lettres: elles s'en emparèrent, et ressaisirent encore, par ce moyen, un moment d'éclat. Une femme bel-esprit n'est pas toujours ce qu'il y a de plus aimable; mais, au moins pour remporter des triomphes, pour briller sous ce rapport, elles ont moins besoin de s'écarter de la mesure et de la décence que leur sexe semble leur commander, et les yeux aiment encore mieux rencontrer une femme, la plume à la main, dans son boudoir, que le bras chargé d'un bouclier sur un champ de bataille, ou embrassant la palme des martyrs, au milieu d'un bûcher (*).

(*) Je suis loin de dire qu'à cette époque la cheva-

L'Italie et la France furent les deux théâtres où elles eurent le plus d'éclat, dans la nouvelle carrière qu'elles avaient choisie.

C'est ici l'instant de rappeler cette célèbre Jeanne de Naples, qui prit, à dix-neuf ans, les rênes du gouvernement, et qui, détestant son époux, André d'Hongrie, fut vivement soupçonnée de l'avoir fait assassiner. Au reste, la mort cruelle de cette princesse la punit assez d'un crime qui ne fut pas prouvé. Duras la fit étouffer entre deux matelas, au château de Muréo. Elle fut regrettée par les savans et les gens de lettres. Sa cour était leur asile; elle joignait aux charmes de la figure ceux de l'esprit et de grandes qualités. Elle eut tort d'épouser Louis de Tarente, accusé d'être l'auteur de la mort de son époux. Ne reconnaît-on pas, à cette conduite, l'imprévoyance naturelle à son sexe, et ce défaut de calcul

---

lerie fut entièrement détruite; mais elle avait assez perdu sous le rapport de la galanterie, pour que les femmes vissent bien qu'il fallait chercher un autre moyen de puissance.

qui, le livrant sans réserve à toute la force de ses passions, l'empêche d'en sentir les suites nécessaires? Le crime de Jeanne fut au moins incertain; mais Duras, qui condamna en elle sa bienfaitrice, offrit l'exemple de la plus monstrueuse ingratitude.

Si les ouvrages influent sur les mœurs, les mœurs aussi donnent leur empreinte aux ouvrages. En France, où tout était héroïsme et courage, l'amour même se ressentait dans les écrits du droit de conquête, et paraissait plus vainqueur que suppliant. En Italie, au contraire, où les idées étaient plus tendres qu'héroïques, il était une sorte d'adoration. Les femmes devinèrent que tout les appelait là, plus qu'ailleurs; et ce pays devint, en effet, le théâtre de leurs nouveaux succès. Il s'ensuivit une grande révolution dans les esprits, las de sang et de pillage. Les hommes enfin se reposant, le calme succède aux passions, et c'est souvent dans le désœuvrement, qui suit la fureur des partis, que les hommes se dirigent vers les sciences. Ce mouvement continuel et involontaire, que la nature établit en nous, se porte sans cesse vers un but quelconque. Quand nous ne détruisons plus, nous bâtissons; quand nous agissons moins, nous pensons davantage, et de là, ce cercle éternel de choses physiques et morales, qui paraissent et disparaissent ici-bas; de là, l'ignorance et les lumières se suivant de siècles en siècles, les édifices immenses et les ruines étonnant tour à tour les regards: de là, cette mobilité, ce changement d'aspects sur la terre, sans cesse en opposition avec l'admirable immuabilité du ciel qui la domine et la gouverne par l'ordre éternel auquel lui-même est soumis.

Aux idées de chevalerie, de combats et de vaillance, succédèrent donc, en Europe, des goûts plus tranquilles. On se livra aux sciences, mais surtout aux lettres. Une impulsion générale entraînait tout le monde du côté des langues: on ne pouvait passer tout à coup d'une vie ignorante et guerrière à une méditation scientifique; on voulut savoir ce que les anciens pensaient, avant de réfléchir soi-même. C'était la marche naturelle des idées. Les langues étant répandues, la philosophie ancienne reprit faveur; mais selon les caractères et la trempe des esprits. Aristote et Platon firent plus ou moins de prophètes; l'Aristotélisme occupa les universités et les cloîtres; le Platonisme enchanta les poètes, les amans, les philosophes sensibles et les femmes. Elles avaient été les émules des hommes en courage dans le beau temps de la chevalerie; elles ne voulurent pas leur céder en fait de science; partout elles s'instruisirent. On vit, dit M. Thomas, des religieuses poètes, des femmes du grand monde se mêler de controverses, haranguer des papes en latin, les exhorter, ainsi que les rois, à déclarer la guerre aux Turcs. La langue grecque, si magnifique dans les poèmes d'Homère, brilla d'un nouveau lustre. Dans le même moment, les vers de ce chantre sublime, prononcés par une bouche charmante, excitaient l'enthousiasme dans les ames, et portaient dans les cœurs tous les feux de l'amour.

Cependant les femmes ne se bornèrent pas à l'étude aride des langues et d'une abstraite théologie, moins satisfaisante, pour leur imagination, que la poésie qui la sert et la suit, en occupant l'esprit par des tableaux, et l'ame par des sentimens. Elles y réussirent, et ce qui d'abord ne fut qu'un but d'amusement devint pour elles une source de gloire et de succès.

Mais il fallait de plus grands triomphes à leur amour-propre. A leurs yeux, les talens ne sont précieux que par les hommages qu'ils leur rapportent. Autrefois, les chevaliers combattaient et mouraient pour elles. Cette tendre frénésie s'étant calmée, elles voulurent être chantées par les poètes ; elles voulurent qu'ils oubliassent jusqu'à leur propre gloire, pour célébrer la leur ; que tous les ouvrages eussent les femmes pour objet, et qu'en vers et en prose toute l'Europe retentît des louanges d'un sexe qui se nourrit d'encens. Leur volonté fut un ordre, et bientôt la galanterie se répandit dans les lettres, comme elle s'était mêlée à l'éclat des armes.

Boccace fut le premier qui, dans un ouvrage latin *des Femmes illustres*, donna l'exemple de cette tendre adulation. Tandis que les hommes se livraient encore à l'intrigue et à la guerre, les femmes brillaient dans les exercices de l'esprit. Les cours de Parme, de Naples, de Florence, de Mantoue, de Milan, étaient des écoles de grâce, d'instruction et de goût. Plaire, aimer, écrire, attendre et recevoir les hommages, voilà quel était l'emploi de la vie des femmes.

Enfin, dans le seizième siècle, s'éleva la fameuse question *de l'égalité*, ou *de la prééminence des deux sexes*. On ne peut douter qu'elle ne fût secrètement proposée par les femmes. Leur continuel désir de dominer se fit voir alors dans toute son étendue. Peut-être même cette époque, en apparence peu importante, offre-t-elle à l'observateur le véritable secret de leur caractère. Si elles consentent à fléchir sous notre domination, c'est en dépit d'elles-mêmes. Patientes par nature et par l'éducation qu'elles reçoivent, elles sont asservies, mais point soumises; et quelque occasion qui se soit présentée de prendre la première place, elles l'ont saisie, sans la plus légère crainte de mal tenir les rênes dont elles s'emparaient pour exercer la puissance, ou de mal exécuter les choses qu'elles tentaient pour acquérir la célébrité.

Que ce sentiment intérieur vienne d'une véritable conscience de leurs moyens, ou d'un écart de leur amour-propre, c'est ce que je n'entreprendrai point de décider.

On prit parti pour et contre, dans la grande querelle qui s'établit à ce sujet. Corneille Agripa, né à Cologne en 1486, fut le chef de la conjuration qui se fit alors en faveur des femmes. Cet homme fut célèbre à d'autres titres. Point d'état qu'il n'ait rempli. Point de pays qu'il n'ait parcouru. En 1509, il publia son traité *de l'excellence des femmes et de leur prééminence sur les hommes*. Peut-être voulait-il plaire à la fameuse Marguerite d'Autriche, qui gouvernait alors les Pays-Bas. Mais enfin il démontre la supériorité des femmes en quarante chapitres, et appuie son système de preuves physiques, théologiques, historiques et morales.

Plusieurs auteurs écrivirent pour et contre ce système.

Qu'il me soit permis d'entrer ici dans quelques détails sur cette question qui, sans doute, ne sera jamais résolue.

COMPARAISON DES DEUX SEXES.

Tous ceux qui ont écrit sur l'égalité ou la prééminence des sexes ont souvent erré en les déplaçant. La main qui a ordonné ce vaste univers assigna à chacun son rôle; chacun naît pour un but qu'il doit remplir. S'il s'en écarte, il nuit à l'ordre général; il en est puni, par cela même qu'il manque aux lois éternelles, d'où naissent l'ensemble et l'harmonie que la nature ne laisse point violer impunément.

Si j'ose le dire, M. Thomas, dans sa dissertation sur ce sujet, met son esprit à la place de la vérité.

Sa finesse, ses images neuves et brillantes plaisent, éblouissent et ne persuadent pas. Sans opposer, avec autant de talent et de sensibilité que lui, les torts et les avantages des deux sexes, j'examinerai plutôt la place qu'ils doivent remplir dans l'ordre social, en ne dérangeant point cet ordre. Alors peut-être pourrons-nous les comparer d'une manière plus juste, et trouver en eux une somme à peu près égale de qualités propres à remplir les fonctions auxquelles l'un et l'autre sont appelés. Commençons par les sentimens.

On ne peut nier que le vœu de la nature, en créant les femmes, n'ait été de les consacrer principalement à l'emploi de mères. Toutes leurs qualités semblent annoncer cette sainte destination, et peu de leurs imperfections empêcher qu'elle ne s'accomplisse. Remarquons, en effet, que ces torts d'irréflexion, de légèreté, de frivolité, de manque de suite dans leurs idées, disparaissent dès qu'il s'agit de leurs enfans. Il est peu de femmes qui, devenant mères, ne perdent quelques défauts, et n'acquièrent quelques vertus. Le changement qui se fait dans le cœur et la tête d'une jeune femme, en ce moment, est une des choses les plus intéressantes à observer. Est-elle coquette, sensible, entraînée par les passions? Tranchons le mot; a-t-elle eu même une faiblesse? L'instant où son enfant fait entendre ses premiers cris semble toucher en elle une

corde

corde nouvelle qui rend les autres plus sourdes et moins puissantes ; qui, par une vibration douce et prolongée, répand un charme subit dans toutes les parties de son être. La moins pure alors est plus mère que maîtresse ; et si l'époux et l'amant arrivent à la fois, le premier regard se porte sur le père ; l'amour ne peut l'obtenir, et s'étonne de voir son ascendant suspendu (*).

Supposons, au contraire, qu'un homme épris d'une maîtresse, retourne près de sa femme à l'instant où celle-ci vient de le rendre père. L'empire de la nature exerce ses droits sur lui, avec moins de force que

(*) C'est dans le sentiment maternel qu'elles montrent une chaleur persévérante. J'ai vu des femmes ne pas soutenir la fatigue la plus légère, et rester, un mois de suite, des nuits entières près du berceau de leur enfant à la mort. Agitées de la crainte que son ame ne s'envolât, elles semblaient l'arrêter par leurs regards qui se fixaient sur ce corps déjà froid. Chose inexplicable ! j'ai vu des pères succomber à cette fatigue, et, presque toujours dans ce cas, la force, plus indifférente, céder à la faiblesse soutenue par l'excès de la sensibilité.

sur les femmes. Les premiers cris de son enfant l'occupent aussi, mais sans l'attacher uniquement. Il l'embrasse, recueille sa première caresse; mais il pense même, en le serrant contre son sein, que l'amour l'attend et l'appelle; il s'arrache bientôt au bonheur pour voler au plaisir.

On ne peut disconvenir que, dans ce tableau impartial, la femme n'ait tout l'avantage, et c'est vraiment là une des circonstances de la vie où l'on peut établir et fixer le point de comparaison.

Il en est un autre, celui où l'amour s'empare de nous. Selon moi, ce n'est que sous ces deux rapports que l'on peut faire un parallèle contre les deux sexes, et qu'ils peuvent être comparés.

Sans tirer des jugemens d'aucun exemple particulier, ce qui ne peut que jeter dans des erreurs, cherchons si les femmes savent mieux aimer que nous. Je crois qu'elles nous surpassent en amour, et que nous l'emportons en amitié. Montaigne décide la question contre les femmes. Certes, je suis loin de regarder ce sexe aimable, comme étranger à ce sentiment si doux, si consolant, quand il nous unit à lui. Je parle seulement du plus ou moins de perfectibilité, dont les femmes sont susceptibles en l'éprouvant, et c'est sur ce point que je hasarde mes idées.

Avant de les développer, essayons de nous rendre compte des nuances et des effets de ce sentiment. L'amitié est un vif attrait, si rempli d'innocence, si pur dans ses désirs, que jamais l'amour ne put atteindre à sa perfection. L'un est une passion dévorante, une véritable maladie de l'ame; l'autre, une douceur enivrante pour elle. Sentant à la fois les douceurs qu'elle procure et qu'elle reçoit, ces divines sensations, ni trop faibles ni trop vives, mesurées, en quelque sorte, sur sa propre force, l'entraînent sans violence, la charment sans l'agiter. Si les jouissances de l'amour portent en elles jusque dans leur délire, les sources de sa destruction, celles de l'amitié moins actives, plus longues, plus répétées, en s'épenchant, se reproduisent elles-mêmes. Il n'est point là de fatigue, de satiété, comme en amour, pour l'ame et pour les sens. L'amitié n'attend, pour dernière faveur, que cette tendre et douce confiance. Dans son aimable abandon, elle offre avant qu'on ne demande, obtient, sans avoir presque désiré, ce sentiment céleste qui, ayant le droit de tout espérer, trouve encore des délices inattendues dans sa délicatesse et sa sécurité: et la volupté de l'ame, c'est l'image du bonheur sur la terre. Est-ce bien une femme qui peut éprouver ce sentiment dans toute sa vivacité? Ce sexe, souvent irritable, toujours extrême, ennemi né de la modération, plus fait pour le délire des passions que pour le calme du bonheur, capable de sentir l'amour à un degré que nous ne pouvons atteindre, a-t-il en lui, tout à la fois, ce foyer brûlant qui alimente les passions, et cette flamme douce et pure de l'amitié qui brille d'un feu égal et durable? J'ai peine à le croire. Qu'une femme soit amie d'une autre femme, l'amour-propre, la rivalité se placent entre elles, altère leur sentiment, ou les avertit secrètement qu'il peut s'altérer. Je sais qu'il existe des exemples contre mon opinion. Je le répète; mais quelques exceptions rares ne font rien contre un principe général.

Si c'est un homme qu'une femme choisit pour ami, je pense qu'il existe toujours une nuance d'amour dans cette amitié d'homme à femme ; dès-lors, elle n'est plus assez pure. Si elle est vive, elle se rapproche de l'amour ; s'en éloigne-t-elle, elle devient trop froide...... M. Thomas croit qu'il faudrait un ami pour les grandes circonstances de la vie, et une amie pour le bonheur de tous les jours. Il a raison. Mais surtout que l'amour ne se mêle point à cette amitié ; c'est peut-être la seule occasion où il faille le craindre et le bannir. Et qui peut donner, dans ce cas, une garantie contre lui ? Il n'est peut-être qu'une position rassurante pour le bonheur. Je pense que l'amitié la plus parfaite d'homme à femme, est celle qui suit un sentiment plus tendre : qu'il faudrait donc désirer, pour être heureux, une maîtresse charmante et fidèle ; et pour amie, une femme qui aurait eu de la tendresse pour vous (*). Ayant tous deux payé ce tri-

(*) Ce n'était pas l'avis d'une amie de M. de Riva-

but à l'amour, ce sentiment, en quelque sorte, se serait épuré : il en resterait alors tout ce qu'il faudrait pour fixer l'amie, et pas assez pour tourmenter la maîtresse.

Ne déplaçons donc rien. Suivons les lois de la nature. Que les femmes vivent pour l'amour maternel et l'amour; que l'amitié ne soit pour elles que le second intérêt de leur vie. Nous seuls pouvons, peut-être, par notre nature, recevoir ces deux sentimens dans nos cœurs, à un degré égal. Peut-être, par cette opinion, aurai-je le malheur de déplaire à un sexe que je révère; mais je crois avoir dit la vérité.

---

rol, ce grand écrivain, dont les troubles de l'Europe ont circonscrit la réputation dans le pays de son exil. Il voulait quitter cette femme, et lui avait écrit, comme c'est l'usage, une lettre fort polie, dans laquelle il remplaçait les bons procédés par de belles phrases, ce qui est l'usage aussi. Il lui offrait un sentiment plus doux, plus solide que l'amour; il lui parlait apparemment d'*élever un temple à l'amitié*. Cette femme passionnée ne lui répondit qu'avec ces mots : *On ne bâtit point avec des cendres.*

DE L'AMOUR.

J'AI parlé des femmes sous le rapport de l'amitié ; examinons leurs facultés morales sous celui de l'amour.

Le besoin de vivre hors de soi-même est une des dispositions les plus communes à tout ce qui existe. Peu de choses, peu de passions même ont le pouvoir de nous attirer assez fortement pour nous faire sortir de notre être ; l'amour seul nous place entièrement hors de nos propres limites ; nous lui devons le bonheur d'une vie nouvelle. L'ambition, l'amour de la gloire vous entraînent, vous enivrent ; mais vous vous retrouvez toujours en elles ; vous êtes toujours votre propre but ; votre triomphe vous transporte, mais vous laisse en vous-même. L'amant, au contraire, cesse d'être lui. Son ame toute entière a passé dans un autre ; et l'instant où il se retrouve en lui-même, est l'instant où il n'aime plus.

Malheureusement, l'amour n'est qu'une

situation de l'ame; il ne peut en être un état habituel : c'est un point inflammable qui s'allume en elle, et qui la consume rapidement. L'amour est l'agitation de la vie, l'amitié en est le repos. Point d'amitié qui naisse en un jour. Il est des passions violentes qu'un moment peut produire. L'amitié calme et réfléchie a le droit de choisir; l'amour, au contraire, toujours entraîné, se soumet sans réflexion, s'offre, se donne. Il n'a pas encore examiné les chaînes qu'il demande, et les porte déjà.... A cet oubli total de tout calcul personnel, à cet entier abandon, véritable perfection du sentiment, qui ne reconnaît pas plutôt le cœur d'une femme que celui d'un homme trop occupé du soin de l'attaque, de la crainte, de la défense, pour n'être pas distrait de sa passion par l'art même qu'il emploie, et qui assure son succès? Quand nous calculons, les femmes sentent; quand nous les étudions, elles s'abandonnent. Attendre les grandes agitations des passions ou les ressentir, voilà ce qui partage leur existence. Examinons l'amour, son délire, ses égaremens, ses excès, sa tendresse, son dévouement, les choses opposées qu'il inspire; rapprochons ses effets du cœur des femmes, telles que la nature les a créées, et non telles que les distractions du monde nous les offrent souvent, et nous conclurons que l'amour est fait pour elles, et qu'elles sont faites pour l'amour.

Il est donc vrai que les deux sexes sont égaux et point semblables; qu'ils sont propres à différentes choses dans lesquelles ils atteignent un degré de perfection pareil; que l'on peut croire les hommes, par leur caractère, plus propres à l'amitié; les femmes, par leur prodigieuse mobilité, plus faites pour sentir l'amour, passion aussi rapide dans ses progrès, que courte dans sa durée, et qui, par cela même, semble avoir tant d'analogie avec elles; mais qu'elles portent dans leur cœur un sentiment bien plus tendre pour leurs enfans; que sous ce rapport, elles ont une suite que nous n'avons pas; que leur tendresse pour le doux fruit de leur hymen, non seulement survit à leur amour pour leur époux, mais même aux besoins que leurs enfans ont eu d'elles dans la faiblesse du premier âge; tandisque notre sentiment diminue pour eux, lorsqu'ils font partie de la société, et surtout lorsque nous nous séparons de leur mère. Considérons deux époux divorcés, dont les enfans sont déjà livrés à eux-mêmes. Ils retrouvent toujours le cœur de leur mère, et quelquefois à peine un souvenir de la tendresse paternelle.

Il est donc tellement vrai que la destination de chaque sexe est distincte, qu'elle l'est même dans les sentimens. Les femmes sont nées pour nous aimer, et nous consoler dans nos peines; nous, pour les aimer et les protéger contre tous les dangers. Que deux amans changent de rôle; sous ce rapport, ils ne seront pas long-temps unis. La femme accoutumée à trouver dans l'homme son soutien, son protecteur, a-t-elle besoin de se mettre à sa place par la faiblesse et le peu d'énergie de son amant? Après l'avoir servi, elle s'en détache promptement. Elle n'aime à le voir timide, suppliant, que lorsqu'il est amoureux; encore faut-il que ses larmes ne le dégradent pas à ses yeux, quand il cherche à la séduire ou à lui plaire. Ces pleurs lui semblent l'avilir. L'avantage qu'elle a sur lui flatte d'autant moins son amour-propre, dans ce moment, que lui-même a déprécié l'hommage qu'on lui offre en y renonçant. On ne jouit bien que de la supériorité qui nous est propre. Paraît-on grand par le seul abaissement d'un autre? Personne n'est content, ni celui qui s'y soumet, ni celui qui le souffre. Il est une sorte de supériorité que les femmes doivent conserver sur nous, et qui tient même à leur faiblesse, au respect qu'elles inspirent. Elle est plus facile à sentir qu'à exprimer. Il en est une autre qui tient à la dignité de l'homme, que non seulement sa compagne reconnaît, mais qu'elle ne lui pardonne même pas de lui sacrifier.

LES FEMMES

Sous le rapport des Lettres.

Je crois avoir déjà dit que leur génie n'était créateur que dans les nuances. Leur esprit plus fin que profond, analyse, définit avec plus de grâce que de justesse, avec plus de charme que de logique. On n'a point vu de femmes concevoir un beau plan de tragédie ; mais si l'art de Corneille, de Racine et de Voltaire demande une force dont les femmes sont peut-être incapables, jamais, dans le style épistolaire, aucun auteur ancien ou moderne n'atteignit ou n'atteindra le style enchanteur de madame de Sévigné. Certaine classe de romans semblent aussi leur appartenir. Sans doute Florian, dans sa Galatée, a un mérite rare qui lui est propre ; mais ce n'est pas là le style de madame Riccoboni ; ce n'est pas là ce charme particulier, cette grâce de naturel que l'esprit le plus brillant ne peut obtenir ; au point que si l'on eût demandé des leçons de son art à cette femme aimable, probablement elle n'aurait pu en donner. On peut dire qu'elle-même n'était pas dans le secret de son style.

Ainsi donc, en littérature même, les attributions de chaque scène sont marquées par la nature. Toutes les fortes idées sont refusées aux femmes; elles pensent, et rarement peuvent méditer; elles perfectionnent, elles saisissent plus vivement que nous tous, les rapports superficiels qu'elles présentent avec une grâce qui leur appartient. Comme en amour elles sentent mieux que nous, elles en parlent avec plus de finesse. Supposons qu'une femme eût conçu le plan du roman de Rousseau; elle eût peut-être écrit quelques pages de la nouvelle Héloïse; mais aurait-elle atteint l'éloquence sublime et continuelle de cet ouvrage? Non. En un mot, une femme pouvait mourir comme Julie, mais non pas écrire la lettre qui peint ses derniers momens (*). Ce qui manque

(*) Cette puissance de mieux sentir que nous, cette impossibilité d'aussi bien peindre décide des

essentiellement aux femmes, c'est la réflexion. La mobilité de leur esprit les porte à changer de pensée, les empêche non seulement d'approfondir, mais même de créer de ces idées nouvelles qui, dans la tête des hommes, naissent de celles déjà conçues ; et même la facilité rapide avec laquelle elles saisissent tous les détails aimables qui leur plaisent, leur fait abandonner les fictions que nous aurons recueillies après elles. Je crois voir des abeilles voler sur une fleur, en enlever les sucs qui leur suffisent ; et bientôt s'envolant, toutes fières de leur légère conquête, livrer la fleur à l'amant aimé qui en formera la couronne de sa maîtresse.

Il me resterait à parler de la bienfaisance, de la pitié ; à rechercher qui de nous ou des femmes éprouve, exerce le mieux ces deux sentimens. Mais cette question ne peut pas en être une. Les femmes ressentant plus vivement et plus promptement les douleurs

---

attributions des deux sexes. L'art est plus fort en nous, la nature agit plus puissamment sur elles.

dont elles sont témoins, doivent les plaindre davantage. Nous avons de l'humanité; plus tendres, elles ont de la pitié. La moindre plainte déchire leur oreille; une blessure légère offense leurs regards. Il semble que leur mission sur la terre, soit d'apaiser, de secourir. Entraînées vers les malheureux, quand nous ne sommes qu'émus par leurs cris, elles les ont déjà soulagés, que nous hésitons encore à voler à leur secours.

Je crois avoir prouvé que comme mères, amantes, créatures sensibles et secourables, les femmes l'emportent sur nous. J'ai même rappelé que, dans les choses auxquelles elles paraissent moins propres, comme dans l'art de gouverner, quelques-unes ont montré des talens dont les plus grands rois pouvaient s'honorer. Mais ces exemples particuliers ne concluent rien pour l'ensemble. Tout les ramène à la destination à laquelle elles sont vouées pas la nature, et tout semble nous prescrire de ne nous comparer à elles que dans les devoirs et les sentimens qui sont communs aux deux sexes.

FRANÇOIS I.er

Moins historien dans ces faibles essais, qu'occupé de trouver les époques où les femmes se sont placées sur le théâtre des grands événemens, je parcours les temps sans suivre une exacte chronologie, et n'ayant pas conçu un plan assez vaste pour observer tous les peuples, c'est surtout en France que je concentre mes recherches. En remontant au cinquième siècle qui fut celui des grandes révolutions, siècle où le Germain Pharamond passa le Rhin, et se rendit le maître de quelques provinces de la Gaule, l'histoire de France, depuis Clovis jusqu'à Charlemagne, n'offre guère qu'un tissu de crimes, de massacres et de dévastations. J'ai dit que ces barbares du Nord avaient apporté les premières idées de la chevalerie; j'ai dit que, dans ce temps, les femmes avaient créé ce beau système qui leur donna tant de puissance et d'ascendant; j'ai passé rapidement sur tous les règnes, depuis Charlemagne jusqu'à celui de Louis XI, qui répond à peu près à la prise de Grenade par Isabelle. Je tire un voile sur les crimes de Brunehault, de Frédégonde; je me refuse même à retracer le vertus de la reine Blanche, mère de Saint Louis, ce qui m'arrêterait trop long-temps sur une époque reculée. Mais, revenant un instant sur mes pas, je ne puis passer sous silence le règne de Charles VII, ni cette Jeanne d'Arc, si fameuse sous le nom de la Pucelle d'Orléans.

La tendre Agnès Sorel n'est-elle pas également digne d'un souvenir? Charles, à ses pieds, oubliait sa gloire. Elle a l'énergie de vouloir le rendre aux devoirs d'un roi. Née avec une force d'esprit supérieure, et cherchant à exciter son amant contre les Anglais, elle lui persuade qu'un astrologue a prédit qu'elle serait aimée du plus grand roi du monde; mais que cette prédiction ne le regardait pas, puisqu'il négligeait d'arracher à ses ennemis un trône qu'ils lui ravissaient. « Je ne puis, dit-elle au roi, je ne puis voir » la prédiction s'accomplir qu'en passant » en Angleterre ». Ces reproches touchèrent tellement le monarque, qu'il prit les armes pour satisfaire à la fois son amour et sa juste ambition. Agnès, par l'estime qu'elle avait acquise, le gouverna jusqu'à sa mort.

Je n'entre dans aucun détail sur les règnes de Louis XI, de Charles VIII et de Louis XII, plus célèbre par sa bonté pour son peuple, que par ses rapports avec les femmes. J'arrive au règne de François I.er, père des lettres, un des rois les plus aimables, les plus galans, et qui disait, *qu'une cour sans femmes était une année sans printemps, un printemps sans roses.*

Ce prince, par une destinée singulière, aima la guerre, y montra du courage, des talens; cependant il fut malheureux, et presque toujours obligé de céder à l'étoile de Charles-Quint, son rival d'ambition et de gloire. De même il protégea les lettres, et ne put voir sous son règne que des savans. Malgré tous ses efforts, quelques épigrammes, quelques contes libres formèrent toute la poésie de son siècle. Même sous Henri II, on peut dire que Rabelais fut notre seul poète, quoiqu'il ait écrit en prose.

François I.er voulut établir des écoles de peinture ; les peintres qu'il fit venir d'Italie ne formèrent point d'élèves français. Enfin, il désira de ramener la galanterie, et fut plus heureux dans ce projet.

Son goût dominant pour les femmes tenait autant à l'attrait aimable qui inspire le désir de leur plaire, qu'au besoin de les posséder.

Deux passions animèrent la vie de François I.er ; l'amour et l'ambition. Une existence guerrière et agitée le porta sans doute à mêler des choix obscurs et nombreux aux passions qu'il ressentit pour deux maîtresses préférées, mademoiselle de Châteaubrillant et la duchesse d'Etampes. Mais dans le peu d'instans paisibles qu'il eut entre ses guerres successives contre Charles-Quint, il montra toujours le désir de ramener à sa cour cette affabilité entre deux sexes, qui seule peut répandre de la douceur dans la société, et du charme dans la vie.

Son règne est l'époque de plusieurs changemens dans l'esprit et les mœurs des Français. Il vint au moment de la renaissance des lettres, il essaya d'en recueillir les débris échappés aux ravages des Barbares, et chercha à les transplanter en France. Aussi galant qu'amoureux des beaux-arts, il appela à sa cour les dames, jusque-là reléguées au fond des provinces, dans de vieux et tristes donjons. Toutes ces dispositions, heureuses pour les femmes, ne pouvaient encore que préparer l'influence qu'elles retrouvèrent par la suite. Si François I.er eût été plus souvent à sa cour, peut-être ce sexe, pour lequel il avait tant de penchant, aurait-il eu plus d'empire ; mais toujours absent de son royaume, il le gouverna rarement par lui-même. L'état fut abandonné constamment aux passions des ministres, à l'avidité des favoris, aux caprices de la duchesse d'Angoulême qui, usurpant le crédit sans atteindre le pouvoir, mécontentait plus la cour qu'elle ne la dominait. Plus habile à profiter de l'absence du roi, que des ressources de son esprit en sa présence, elle retrouvait toujours la galanterie du monarque à son retour, et non le partage du pouvoir dont la duchesse d'Etampes était jalouse. D'ailleurs l'inconstance naturelle du roi échappait encore plus à tout asservissement, par le peu de temps qu'il laissait à la séduction pour l'enchaîner.

Eléonore d'Autriche, sa femme, eut un moment d'influence par sa douceur et le charme de la figure la plus séduisante. On prétend même qu'elle signala son crédit dans l'entrevue qu'elle ménagea entre son époux et Charles-Quint son frère. Un poète fit en son honneur un distique latin qu'on traduisit ainsi :

D'Hélène on chanta les attraits :
Auguste Léonor, vous n'êtes pas moins belle;
Mais bien plus estimable qu'elle,
Elle causa la guerre, et vous donnez la paix.

Mais la faveur de la duchesse d'Etampes et de ceux qu'elle protégeait auprès du roi, réduisit le pouvoir de la reine à fort peu de chose.

Ce fut à son retour d'Espagne que François I.er devint éperduement amoureux d'Anne de Pisseleu, dite mademoiselle de Helly, depuis duchesse d'Etampes.

Nous allons citer les vers que ce monarque fit pour elle. On y retrouve cette teinte aimable de galanterie qui lui était si naturelle.

Est-il bien vrai, ou, si je l'ai songé,
Qu'il est besoin m'éloigner ou distraire
De notre amour et en prendre congé?
Las! je le veux, et si ne puis le faire.
Que dis-je, veux! c'est du tout le contraire.
Faire le puis; et ne puis le vouloir.
Car vous avez là réduit mon vouloir,
Que, plus tâchez ma liberté me rendre,
Plus empêchez que ne la puisse avoir,
En commandant ce que voulez défendre.

Depuis long-temps, mademoiselle Châteaubrillant, femme de Jean de Laval, possédait le cœur de ce prince; mais il ne put résister aux grâces attrayantes de la duchesse d'Etampes, et lui sacrifia sa rivale. La duchesse, jalouse même du passé, ne pouvait songer sans envie à des devises amoureuses que la galanterie du roi avait fait graver sur différens bijoux offerts à mademoiselle de Châteaubrillant. Madame d'Etampes obtint enfin que ce prince exigerait de sa première maîtresse de les lui renvoyer. Il les lui fit donc redemander par un gentilhomme ; mais, en recevant cette cruelle ambassade, la tendresse délicate de mademoiselle de Châteaubrillant lui inspira une adresse digne de son sexe. Elle feignit d'être malade, et dit à l'envoyé qu'elle obéirait dans trois jours aux ordres du roi. Pendant cet intervalle, elle fit fondre à la hâte tous les bijoux d'or qu'elle tenait de la magnificence du monarque ; et le gentilhomme étant revenu au jour indiqué, voilà, dans le langage du temps, les paroles qu'elle lui adressa :

« Allez, dit-elle, portez cela au roi, et
» dites-lui que, puisqu'il lui a plu me révo-
» quer ce qu'il m'avait donné si libérale-
» ment, je le lui rends et lui renvoie en
» lingots d'or. Quant aux devises, je les ai
» si bien empreintes, et colloquées dans
» ma pensée, et les y tiens si chères, que je
» n'ai pu permettre que personne en dispo-
» sât, en jouît et en eût du plaisir, que
» moi-même. »

Quand le roi eut reçu les lingots qui étaient en grande quantité, et qu'on lui eut rapporté les paroles de la favorite délaissée, il ne dit autre chose au gentilhomme, sinon. « Retournez chez elle, et rendez-lui le » tout; ce que j'en faisais, n'était certes » pas pour la valeur (car je lui eusse rendu » deux fois plus); mais c'était pour l'amour » des devises; puisqu'elle les a ainsi fait » perdre, je ne veux pas de l'or, et le lui » renvoie. Elle a montré en cela un coura- » ge et une générosité dignes de son sexe. »

On voit par cette simple anecdote l'esprit de galante courtoisie qui régnait alors, et que le roi se plut à établir.

Il est un genre de pouvoir que les femmes peuvent exercer, sans nuire même à la gloire des monarques; tant qu'elles savent l'unir à l'héroïsme, aux idées de chevalerie, d'honneur et de délicatssse, qui se confondent si bien avec le véritable amour. François I.er, l'homme le plus aimable de son temps, fut aussi le plus guerrier et le plus chevaleresque. Ses maîtresses qu'il adorait prirent, pour lui plaire, toutes les formes élégantes, se livrèrent à tous les goûts distingués qu'elles découvrirent dans son ame. Nous avons souvent accusé les femmes d'avoir corrompu les cours et les rois. Mais les rois ne l'étaient-ils pas avant elles ? Lorsque son amant est couronné, une femme reçoit de lui toutes les teintes de son caractère. Qu'il ne soit que voluptueux, elle se corrompt avec lui ; et même elle hâte, j'en conviens, les progrès de ses vices ; mais qu'il soit un héros, s'il devient amant, ses qualités ne peuvent qu'y gagner. L'amour, tour à tour sublime, ou sans énergie, s'élève avec la gloire, s'abaisse avec la faiblesse. Il se dénature ou se perfectionne aisément par la trempe différente des ames dont il s'empare.....; mais il n'est point de passion qui épure, qui électrise, autant que lui, les cœurs nobles, élevés, et que leur naturel appelle aux grandes choses de tout genre.

La duchesse d'Etampes fut un exemple de ce que je viens d'avancer. Etudiant les penchans du roi, elle voulut s'associer à son goût pour les lettres. Elle unissait à la jeunesse, à la beauté, un esprit fin, solide et étendu. Sensible au mérite des bons ouvrages, elle se fit donner (peut-être pour mieux captiver son amant) le titre de *la plus savante des belles et la plus belle des savantes*; elle y joignait celui de *protectrice des beaux arts*.

Elle jouit douze ans de son crédit. Le désir qu'elle avait de le conserver, même si elle survivait au roi, fut poussé à tel point, que, tourmentée d'avance du pouvoir qu'elle présumait devoir être exercé par Diane de Poitiers sur Henri II, elle lui donna toutes les mortifications qu'elle put imaginer.

Au reste, la duchesse ne se trompa pas; et Diane, à la mort de François I.er, gouverna, par son esprit, un prince plus jeune qu'elle de vingt ans. Les dissentions secrètes que ces deux femmes excitèrent à la cour eurent plus de suite que d'éclat, ne portant que sur une lutte de crédit d'autant moins importante, qu'heureusement elle était étrangère aux événemens politiques. Voilà, j'en conviens, les instans où l'influence des femmes peut être d'un grand danger, surtout quand la faiblesse des monarques leur laisse prendre un ascendant toujours fatal aux affaires de l'état. L'amour-propre est le dieu de leur vie; et, dans un conflit de pouvoir, une femme, égarée par sa vanité, perdrait son pays pour l'emporter sur sa rivale.

François I.er, plus brave chevalier que grand prince, aima ses maîtresses sans les illustrer, et finit par être la victime de son goût dominant. Il avait eu autrefois une maîtressse appelée la *belle Féronière*. Le mari de cette femme, jaloux et vindicatif, alla par calcul dans un lieu de débauche, avec l'intention de porter au roi un venin mortel, en le communiquant à son infidèle épouse. Il ne réussit que trop dans son coupable projet, et François I.er mourut à cinquante-deux ans, après avoir souffert pendant neuf années.

Henri II lui succéda. On peut dire que son règne fut celui de Diane de Poitiers, duchesse de Valentinois. Quoiqu'âgée de près de soixante ans, lorsqu'elle mourut, elle avait toujours conservé le même empire sur le roi. Henri perdit, dans le commerce de Diane, ce que l'habitude et le goût des armes auraient pu lui faire contracter de contraire aux formes sociales. Il y puisa une égalité d'ame, une affabilité de caractère qui ne se démentirent dans aucune occasion de sa vie.

Les grâces et la beauté de Diane furent célèbres et même à l'épreuve du temps. Jamais elle ne fut malade. Dans le plus grand froid, elle se lavait le visage avec l'eau de la pluie, se levait à six heures, montait à cheval, faisait une ou deux lieues, revenait se coucher, et lire dans son lit. Elle protégea les lettres; sa fierté égala sa naissance. Le roi ayant voulu reconnaître une fille qu'il avait eue d'elle, Diane lui dit : « J'étais née » peut-être pour avoir des enfans légitimes » de vous. J'ai été votre maîtresse, parce » que je vous aimais; je ne souffrirai pas » qu'un arrêt me déclare votre concubine. »

Dès que le roi fut mort, elle se retira dans son château d'Anet, où elle mourut le 26 avril 1566.

Elle est, je crois, la seule maîtresse pour qui l'on ait frappé des médailles.

On en voit encore une aujourd'hui, sur laquelle elle est représentée foulant aux pieds l'Amour, avec ces mots : *Omnium vic-*

torem vici. J'ai vaincu le vainqueur de tous.

Diane et la duchesse d'Etampes eurent un égal pouvoir sur leurs amans. On ne peut pas plus comparer la duchesse à Diane, que François I.er à son successeur. Diane acquit et mérita mieux la célébrité. Elle eut la modération, quand elle devint puissante, d'oublier les humiliations que lui avait fait éprouver la duchesse pendant les dernières années du règne de François I.er ; et l'oubli des blessures faites à la vanité est un grand mérite dans une femme.

FRANÇOIS II.

Le règne de François II rappelle plus le nom de Marie Stuart, que celui d'un roi qui ne régna dix-sept mois que pour jeter le royaume dans des malheurs interminables. Marie, sa femme, l'une des plus belles et des plus malheureuses princesses de l'Europe, fut victime de la politique cruelle d'Élisabeth. Sa mort laisse encore des souvenirs d'attendrissement et d'admiration. Elle entendit son arrêt avec un courage dont les plus grands hommes ne sont peut-être pas capables. En quittant la France, c'est par cette chanson, qui nous est restée, qu'elle témoigna ses regrets.

Adieu, plaisant pays de France,
O ! ma patrie,
La plus chérie,
Qui a nourri ma jeune enfance !
Adieu, France, adieu, mes beaux jours,
La nef qui déjoint nos amours
N'a eu de moi que la moitié,
Une part te reste : elle est tienne.
Je la fie à ton amitié,
Pour que de l'autre moitié il te souvienne.

Sa conduite fut loin d'être irréprochable; mais l'excès de ses malheurs a fait oublier ses fautes. La fin tragique de cette princesse, immolée a l'inquiète jalousie d'Elisabeth, ne prouve que trop combien ses charmes et ses qualités la rendaient dangereuse.

CHARLES IX.

JAMAIS l'influence d'une femme n'eut un effet plus funeste que sous le règne orageux de Charles IX. Catherine de Médicis, sa mère, restera sous les yeux de la postérité comme un exemple de la barbarie la plus atroce, mêlée à la plus profonde dissimulation. Son nom est flétri par l'affreux souvenir de la Saint-Barthélemy. Elle fut à la fois auteur et complice de ce crime que son fils exécuta.

Catherine n'est pas la seule preuve des excès auxquels les femmes peuvent se porter, lorsqu'elles franchissent les bornes qu'il a fallu leur imposer, en songeant que tout en elles est inflammable, et qu'elles ne connaissent aucun frein pour franchir les obstacles qui les irritent; c'est ce qu'expriment ces vers de Dubelloy.

. . . . Lorsqu'une femme, à ses devoirs fidelle,
Suit de ses douces mœurs la pente naturelle,
Un sentiment plus tendre en son cœur répandu,
Par sa délicatesse épure sa vertu.

Mais lorsque la douceur, avec peine abjurée,
Nous fait voir une femme à ses fureurs livrée,
S'irritant par l'effort que ce pas a coûté,
Son ame, avec plus d'art, a plus de cruauté.

Tout ce qui est modéré tourmente les femmes. « Elles semblent, dit un poète italien, s'être échappées trop tôt des mains de la nature, quand il n'entrait encore dans leur composition que l'air et le feu. » — Les grands mouvemens, ou le repos, leur plaisent tour-à-tour; et sans l'attrait puissant de l'amour-propre, qui leur fait tout supporter pour obtenir les hommages, et qui les soumet à des chaînes dans l'espoir d'en donner un jour, elles n'auraient souffert volontairement aucune domination; la force seule aurait pu les captiver. Quand leurs passions s'allument, elles peuvent s'élever aux plus nobles vertus ou tomber en des excès odieux.

ÉLISABETH,

Reine d'Angleterre.

Si le midi nous offre avec orgueil Isabelle et Jeanne de Naples, le nord est fier d'Elisabeth : elle appartient à l'époque de François II ; car elle monta sur le trône d'Angleterre en 1559, époque à laquelle ce prince parvint à la couronne de France ; mais il vécut si peu, qu'il s'efface de la pensée : et parler d'Élisabeth, sous le règne de Charles IX, est une sorte de consolation des crimes qu'il retrace.

Elisabeth, fille d'Henri VIII et d'Anne de Boulen, naquit le 8 septembre 1533 ; sa sœur, la reine Marie, montée sur le trône, lui fit subir une longue captivité. Le malheur affaisse les ames communes, et redouble l'énergie des ames supérieures. Elisabeth, dans sa longue captivité, trouva le moyen de s'instruire et de cultiver son esprit. Elle apprit les langues et l'histoire ; mais le grand art de régner fut son étude principale. Connaissant à fond le pays auquel elle devait donner des lois, sa politique adroite et profonde s'exerça de bonne heure à ménager tous les partis. Sa première démarche le prouva. Protestante dans le fond de l'ame, elle se fit couronner par un évêque catholique, pour ne pas effaroucher les esprits. A peine fut-elle souveraine, par la mort de sa sœur Marie, qu'elle convoqua un parlement, et établit la religion anglicane telle qu'elle est aujourd'hui.

La doctrine des réformés avait alors autant de partisans que celle des catholiques. Par son adresse, Elisabeth donnait à peu près à chacun ce qui lui convenait. Persuadée que la suprématie de l'église devait rester à la couronne, Elisabeth se fit chef de la religion, sous le nom *de souveraine gouvernante de l'église d'Angleterre pour le spirituel et le temporel.*

Je me suis un peu plus étendu sur cet article, parce que l'accord de la religion et de la politique étant l'art le plus difficile à connaître, et souvent l'écueil des souverains, j'ai dû faire remarquer qu'Elisabeth sut montrer sous ce rapport une habileté, qui dès-lors annonça ce que l'on devait en attendre.

On peut lui reprocher les cruautés qu'elle exerça pour soutenir cette nouvelle religion; et comme le dit Hume, *des exécutions étaient un étrange moyen pour réconcilier les esprits avec le gouvernement et la religion nationale.*

Rien n'excuse cette barbarie ; mais il faut convenir que l'alliance de la politique avec la religion est de toutes les sciences la plus difficile à acquérir pour les souverains. Le culte est à la fois la sauvegarde de la morale et le ciment incorruptible de la puissance ; mais accorder d'une manière juste ce que l'on doit à la dignité des ministres des autels et à la nécessité de mettre des obstacles à leur ambition : voilà l'écueil qu'il faut éviter.

C'est peut-être cette raison principale qui a souvent causé les changemens successifs des religions.

Comment, par exemple, ne pas être étonné du pouvoir qu'a sur un peuple, aussi fier que les Anglais, et qui se prétend si libre, un souverain qui sait se faire craindre? De catholiques qu'ils étaient, Henri VIII en fit des hérétiques ; d'hérétiques, Marie, sa fille, en fit des catholiques ; Elisabeth en refit des hérétiques, et tout cela en moins de quarante ans.

Elisabeth se signala plus encore par ses qualités personnelles que par le secours des armes et des conquêtes, moyen toujours brillant, mais qui laisse autant de chances au hasard qu'au véritable mérite. C'est par une politique, aussi sûre que savante, qu'elle parvint à repousser tous les coups qu'on voulait lui porter, à soutenir la dignité de son trône en affermissant sa puissance. Forcer Marie à quitter le titre de reine d'Angleterre qu'elle prenait en Ecosse ; réprimer les Irlandais mutinés pour la cour de Rome ; aider notre Henri IV à reconquérir son royaume ; soutenir la Hollande contre les efforts puissans de Philippe II ; empêcher cette république de succomber ; élever la marine anglaise au point le plus florissant ; conquérir, par l'expédition du chevalier Drack et de quelques autres capitaines non moins heureux que lui, plusieurs provinces en Amérique. Voilà ce que fit Elisabeth.

On ne peut nier que ses cruautés envers Marie Stuart ne ternissent l'éclat de ses grandes qualités ; mais quant à ces barbaries politiques, on peut dire que tout le monde n'a pas le droit d'apprécier la conduite des grands hommes. Elisabeth ne doit être jugée que par les hommes d'état, les ministres et les rois (*). Cette dissimulation profonde, qui faisait la première base de son caractère, est une science coupable dans la société, mais peut-être trop nécessaire sur le trône.

Un évêque osa rappeler à Elisabeth que, dans une certaine occasion, elle avait moins consulté la religion que la politique. *Je vois bien*, lui répondit-elle, *que vous avez lu tous les livres de l'Ecriture, hors le livre des Rois.*

On doit cependant convenir que ses regrets affectés après la mort de Marie Stuart, qu'elle avait ordonnée, tenaient encore plus à la fausseté qu'à la politique.

Comme il faut qu'une femme, quelque supérieure qu'elle soit, paye toujours, sous

---

(*) *Rex fuit Elisabeth, fuit et regina Jacobus.*

quelques rapports, son tribut à la faiblesse de son sexe, cette Elisabeth, qui avait triomphé de tout, qui, dans la crainte de se donner un maître, avait refusé pour époux les plus puissans princes de l'Europe, qui disait à son parlement que l'épitaphe la plus flatteuse pour elle serait celle-ci : *Ci gît Elisabeth qui vécut et mourut vierge et reine;* cette princesse, dis-je, si distinguée par la force de son ame, ne put résister à la douleur que lui causa la mort du comte d'Essex, qu'elle-même avait condamné. Deux êtres bien distincts se remarquaient alors en Elisabeth ; la souveraine, qui ne pouvait pardonner à un rebelle ; et l'amie ou la maîtresse, qui ne pouvait se décider à le punir.

Elisabeth, descendant en elle-même, ne se trouvait ni tout-à-fait souveraine, ni tout-à-fait amie ; et l'arrêt fatal qui sort de sa bouche, et les larmes amères qui échappent de ses yeux, deviennent à la fois l'éloge de cette femme imposante. Comme femme nous la voyons gémir dans son intérieur, de la sévérité que le trône lui commande ; mais que devenait-elle si elle eût été mère ?

s'il eût fallu punir un fils au lieu d'un amant ?... La souveraine aurait disparu, le pouvoir aurait été sacrifié au sentiment, le cœur eût fait taire le génie. Jamais l'ame féroce de Brutus ne viendra dénaturer aucune mère.

Elisabeth mourut dans la langueur et les regrets, à soixante-dix ans, après avoir gouverné l'Angleterre quarante-quatre ans.

Son règne est un des plus beaux spectacles qu'ait eu la Grande-Bretagne. Le commerce de cette île étendit ses branches aux quatre coins du monde. Ses manufactures principales furent établies, ses lois affermies, sa police perfectionnée, ses finances ne furent employées qu'à défendre la patrie. Elle eut des favoris, mais ne les enrichit point. Sans accorder la liberté de conscience, elle sut se préserver des guerres de religion, qui embrasaient toute l'Europe. Le pouvoir arbitraire, dont elle était si jalouse, ne l'empêcha pas de posséder l'affection de ses sujets; elle leur donna plusieurs fois des preuves de sa confiance; et, pour finir cet extrait de sa vie par un trait qui la caractérise, je rappellerai le mot de cette princesse sur les Anglais :

Jamais je ne croirai d'eux, disait-elle, *ce que des pères et mères ne voudraient pas croire de leurs enfans.*

Nous arrivons au règne d'Henri III, roi de France ; mais comme il fut celui des favoris, et non des femmes, je le passerai sous silence.

Henri IV, le héros de la France, m'appelle ; et je quitte, sans regrets, le dernier des Valois qui rendit à peine hommage à l'amour, en aimant René de Rieux, et la princesse de Condé, dont il pleura la mort plus en homme superstitieux qu'en amant tendre et délicat.

HENRI IV.

On pourrait dire que l'Amour voulut se venger sur Henri IV du peu d'empire qu'il avait obtenu sous son prédécesseur. Après la gloire, ce fut l'amour qui domina le plus l'ame de ce grand homme, au point même de lui faire oublier sa bonté. Quand il persécuta le prince de Condé, jaloux de la passion que sa femme inspirait au roi,... Henri sentait bien que ses faiblesses nuisaient à sa gloire ; mais il n'était pas maître de résister à un sexe qu'il adorait. Cependant on peut dire à sa louange, que les femmes ne régnaient pas toujours sur lui ; n'a-t-il pas dit à l'une d'elles : *qu'il aimait mieux perdre dix maîtresses qu'un Sully*.

Gabrielle d'Estrées, Henriette de Balzac, d'Entragues, de Verneuil, Jacqueline de Reuil, Charlotte Desessarts, furent ses maîtresses les plus aimées. Il en eut huit enfans qu'il reconnut ; trois de Gabrielle, deux d'Henriette, un de Jacqueline et deux de Charlotte.

De toutes celles que je viens de nommer, une seule aima véritablement le roi pour lui, ce fut Gabrielle; les autres furent plus ambitieuses que tendres. Gabrielle ne répondit pas d'abord aux empressemens de son maître. Elle avait un penchant secret pour le duc de Bellegarde, grand écuyer du roi. Mais le tendre attachement de Henri, ses manières affables et pleines de bonté, l'obligèrent à mieux traiter un amant si généreux et si passionné. D'ailleurs eut-il été moins aimable, quelle est la femme qu'une couronne n'a pas le droit d'éblouir?

Gabrielle, plus éprise, plus sincère que ses rivales, eut cependant la même faiblesse; et, comme elles, sans se contenter du cœur du monarque, elle aspira secrètement à sa main. Plus une position est brillante, plus elle aveugle. L'orgueil égare et rarement éclaire. Dans une liaison si tendre, c'est le cœur, plus que l'esprit, que l'on consulte; et le cœur peut-il mesurer la distance? Il la rapproche sans cesse. Fatigué de la pompe, il se dérobe à l'éclat; et, dans les douces rêveries auxquelles il se livre, la maîtresse d'un roi se place sur son trône, et le monarque amoureux en descend.

Une autre raison, dans ce cas, excuse encore les femmes. Ce sexe, par son naturel, est toujours tourmenté de la domination du nôtre. Sa vie entière est un essai continuel de ce qu'il peut pour rétablir la balance des pouvoirs. Son impuissance sur ce point l'irrite sans le décourager. Aussi, pour parvenir à son but, toutes les occasions sont attendues, recherchées par son amour-propre, et toutes celles qui se présentent sont saisies avec ardeur.

En est-il de plus tentante que celle qui s'offre à la maîtresse d'un monarque? Son amant, ne fut-il qu'un particulier, s'aperçoit du charme qu'elle éprouve à régner sur lui. Accoutumée à obéir, elle se plaît à commander; c'est une courte tyrannie, mais c'en est une. Avant de jouir du bonheur de le recevoir dans ses bras, le plaisir de le voir à ses pieds est vivement senti, savouré; mais quel est-il ce plaisir, quand c'est un roi qui le procure?.... Que d'objets il entraîne avec lui aux genoux de ce qu'il aime! Se méfiant même de sa beauté, une femme orgueilleuse veut fixer cette situation incertaine et fugitive; elle se trompe. Peu contente de l'amour, elle veut posséder le pouvoir; il lui échappe!....... Surtout en France, toutes les favorites ont voulu devenir reines, ou du moins épouses; elles n'ont pas réfléchi sous ce rapport au caractère distinctif et singulier de la nation française. Il n'est point de peuple qui fasse plus de cas des femmes, qui soit plus fait pour leur rendre hommage; il n'en est point cependant qui craigne plus leur domination. La loi salique les exclut du trône; et parmi toutes les oscillations que le temps et la politique ont amenées dans le gouvernement, jamais on ne songea même à leur accorder une autorité, qui peut-être n'eût pas été moins douce et moins heureuse dans leurs mains que dans les nôtres. Soit que le Français, connaissant leur pouvoir sur lui, ait craint d'être trop asservi, de devenir plus esclave de la grâce que de la force; soit que, valeureux et guerrier par nature, il ait rougi de voir en de faibles mains le sceptre qui souvent devait donner le signal des batailles, il a constamment redouté le règne des femmes; et si l'on jette les yeux sur les différentes époques où les reines mères ou régentes ont tenu momentanément les rênes du gouvernement, on verra que le peuple a souffert impatiemment cette domination passagère; et que, mécontent de leur pouvoir, il n'a cessé de les accuser, de les calomnier, en les soupçonnant d'intrigues au dedans ou d'intelligence au dehors; en un mot, de hâter l'instant qui devait les éloigner du trône, même lorsque celui qui devait y monter ne leur laissait, par son peu de qualités, aucun espoir de bonheur, d'éclat et de tranquillité.

Le sort des femmes, leur influence sous le règne d'Henri IV et sous celui de François I.er, eurent des différences marquées, et qui tinrent aux passions qui agitaient les esprits à ces deux époques. François I.er était plus chevaleresque. Henri IV avait plus de véritable grandeur. L'un, dans ses galanteries, prend quelquefois les formes qui pouvaient appartenir au simple chevalier, aimable et courtois. L'autre, peut-être plus passionné, garde toujours une teinte de grandeur jusque dans ses amours. Henri IV, le plus tendre des amans, reste toujours le plus grand des rois. . . . . Dans une occasion périlleuse, il écrivit sur le champ de bataille à Gabrielle :

« Si je suis vaincu, vous me connaissez » assez pour croire que je n'y survivrai pas; » mais ma dernière pensée sera à Dieu, et » l'avant-dernière à vous. »

Que de choses dans ce peu de lignes! c'est Henri tout entier qui s'y est peint lui-même.

Pour juger son cœur dans une occasion plus calme, je vais rapporter une lettre qu'il écrivait à la marquise de Verneuil. L'original de cette lettre était dans les mains de M. de Malherbes, qui l'avait communiqué au baron de Bezenval. Je la transcris fidèlement, sans rien changer à l'orthographe.

Copie d'une lettre d'Henri IV à madame la marquise de Verneuil.

« Mon cher cœur, vte mère et vte sœur » sont chez Beaumont, où je suis convié de

» dîner demain ; je vous en mandrés des
» nouvelles. Un lièvre ma mené jusques aux
» rochers, devant Malherbes, où j'ai éprou-
» vé que des plaisirs passés douce est la
» souvenance. Je vous ai souhetté entre mes
» bras, comme je vous y ai vue. Souvenés-
» vous-en, an lysant ma lettre. Je m'assure
» que cette mémoire du passé vous fera m'é-
» pargner tout ce qui vous sera présent.
» Pour le moins an faisiés ainsi en traver-
» sant les chemins, où j'ai tant passé vous
» allant voir. J'ai parlé à la Guelle, il est
» toujours obéissant et fidelle. Bon soir, mes
» chers amours, si je dors, mes songes se-
» ront de vous. Si je veille, mes pencées sé-
» ront de même. Recevés un million de bé-
» zers de moi. »

Henri IV et François I.er eurent tous deux le même goût pour les femmes... ; mais ces temps cruels de factions, de guerres civiles, contre lesquelles Henri eut à lutter, empêchèrent toutes ces intentions d'élégante courtoisie de se développer. Je ne doute pas que si son règne eût été tranquille, la cour de ce prince n'eût été l'asile de la galanterie et de de tous les goûts qui pouvaient rappeler l'ancienne chevalerie. Forcé de défendre sans cesse sa couronne et sa vie, guerrier le matin, le soir amant, les femmes, il faut le dire, ne prirent sur lui qu'un empire incertain. Sully et la gloire étaient des ennemis trop difficiles à combattre. Tous les sujets du roi, partagés en partis différens, ne pouvaient donner à l'amour que les instans qu'ils dérobaient aux combats. Sous d'autres règnes les femmes eurent donc une influence plus directe sur les événemens ; mais d'après la place immense qu'Henri IV occupe dans l'histoire, lorsqu'on le voit chevalier né du beau sexe, se faisant une si douce jouissance de l'adorer, lorsque l'on se rappelle ses déguisemens, les dangers où l'amour l'exposa, sa lettre écrite sur le champ de bataille ; enfin, ses larmes et son deuil, après la perte de Gabrielle (*) ; on peut regarder le dévouement de ce prince comme le titre le

(*) C'est peut-être le seul exemple de ce genre que l'on puisse citer. Aucun roi ne porta le deuil de sa maîtresse.

plus brillant dont les femmes puissent s'enorgueillir. Et qui ne se vanterait pas de leur rendre hommage, lorsqu'on a vu ce héros, même au milieu de sa gloire, être si tendre, si galant et si passionné ?

LOUIS XIII.

Ce prince, maître d'un beau royaume, mais né triste et mélancolique, ne sentit pas les plaisirs de la grandeur. Les hommes, plus que les femmes, eurent de l'empire sur lui. D'abord, soumis par son âge à Marie de Médicis, sa mère, il ne supporta qu'impatiemment sa tutelle : dès qu'il put briser le joug, il rompit avec elle. La suite de leur vie ne fut qu'une continuité de brouilleries et de raccommodemens toujours renouvelés. Après la mort du maréchal d'Ancre, connu sous le nom de Concini, que Vitry tua sur le pont du Louvre, le 24 octobre 1617, Louis XIII fut livré au cardinal de Richelieu, qu'il n'aima jamais. Toujours dominé, toujours voulant s'affranchir, malade, sombre, insupportable à lui-même et à ses favoris, ce monarque se laissa conduire par eux ; son goût pour la vie retirée l'attachait à ceux qu'il avait choisis jusqu'au moment où l'intrigue leur en substituait d'autres, car il fallait qu'il en eût; et le titre de favori, dit le président Hénault, était alors une charge dans l'état. On doit à Louis XIII la justice de convenir que, malgré sa santé et sa secrète mélancolie, il montra toujours un grand courage personnel dans toutes les guerres qu'il entreprit. Par un hasard assez singulier, deux femmes d'un nom distingué se rendirent célèbres sous ce règne par des actions guerrières, en bravant l'autorité du roi.... Marguerite de Béthune, femme du duc de Rohan, et protestante comme lui, défendit Castres contre le maréchal de Thémines en 1625, partagea les dangers et les fatigues de son époux, dont elle captiva tous les sentimens.

Et au fameux siége de la Rochelle, la mère du duc de Rohan, chef des hérétiques révoltés, défendit cette ville pendant un an contre l'activité du cardinal de Richelieu, et contre l'intrépidité de Louis XIII, qui, plus d'une fois à ce siége, s'exposa comme le dernier des soldats.

Ces deux seuls traits sont remarquables sous le règne de ce prince, pour celui qui ne cherche que ce qui a rapport aux femmes.

Je passe rapidement à l'époque de la Fronde, où ce sexe sut se montrer à la fois intrigant, factieux, politique et militaire.

LA FRONDE.

Sous le règne triste de Louis XIII, les femmes avaient eu peu d'influence. En effet, Marie de Médicis troubla plus le royaume qu'elle ne le gouverna ; son pouvoir fut plus usurpé que consenti : et depuis François I.er, qui donna plus d'encens à ce sexe que de véritable puissance, quelques femmes individuellement eurent du crédit ; mais ce sexe en général ne prit part aux événemens qu'à l'époque de *la Fronde*, conjuration burlesque qui fut presque son ouvrage.

A la mort de Louis XIII, Anne d'Autriche, sa femme, fit casser le testament de son mari par un arrêt du parlement, du 18 mai 1643; et dès-lors les troubles mêmes qui survinrent, par l'autorité qu'elle laissa prendre au cardinal Mazarin, servirent à remettre les femmes sur le théâtre politique, et leur rendit une influence assez directe. Anne d'Autriche est peinte à son désavantage par le cardinal de Retz, qui n'ayant pas à se louer d'elle, peut être suspect dans le jugement qu'il en porte.

Elle avait, dit-il, *plus d'aigreur que de hauteur, plus de hauteur que de grandeur, plus de manière que de fond, plus d'application à l'argent que de libéralité, plus d'attachement que de passion, plus de dureté que de fierté, plus d'intention de piété que de piété, plus d'opiniâtreté que de fermeté; n'ayant au reste que cette sorte d'esprit nécessaire pour ne pas paraître sotte aux yeux de ceux qui ne la connaissaient pas*. Telles sont les propres expressions du cardinal. Mais la femme qui, voyant à Ruel, les premiers jours de sa régence, le portrait du cardinal de Richelieu, dit : *si cet homme eût vécu jusqu'à cette heure, il serait plus puissant que jamais*, montre dans ce peu de mots un oubli de ses ressentimens particuliers pour le bien de l'état; preuve non équivoque d'un grand caractère. Je laisse aux historiens à décider sur ce point.

Anne d'Autriche eut à peine entre les mains les rênes de l'état, que les troubles éclatèrent. Une femme régnait, et ce fut une femme qui devint la cause de la première journée célèbre de la guerre civile, celle des Barricades.

La reine, mécontente du parlement, ordonna que l'on arrêtât les trois membres les plus factieux, Novion-Blanc-Mesnil, président à mortier; Charton, président d'une chambre des enquêtes; et Broussel, ancien conseiller clerc de la grand'chambre.

Le cardinal crut en imposer au peuple, en faisant enlever ces trois magistrats en plein midi, au moment où l'on chantait le *Te Deum* à Notre-Dame pour la victoire de Lens, et que les Suisses apportaient à l'église soixante-treize drapeaux pris sur les ennemis. Ce fut précisément ce qui causa la subversion du royaume. Charton s'esquiva; on prit Blanc-Mesnil sans peine. Il n'en fut pas de même de Broussel. Sa vieille servante, voyant son maître, qu'elle aimait, jeté dans un carrosse par Comminges, lieutenant des gardes-du-corps, ameute le peuple, arrête seule la voiture; on entoure le carrosse, on le brise. Les gardes-françaises prêtent main-forte, dissipent la foule, et le prisonnier est conduit sur la route de Sedan. Son enlèvement, loin d'intimider le peuple, l'irrite et l'enhardit. On ferme les boutiques, on tend les grosses chaînes de fer, suspendues alors à l'entrée des rues principales; on fait quelques barricades; quatre cent mille voix crient: *Liberté et Broussel* (*). Ainsi, voilà donc en un moment tout un peuple soulevé contre la reine, et par qui? par une vieille cuisinière. Combien ce succès doit ravaler le talent de nos célèbres factieux! . . . .

Enfin, la Fronde éclate. Le cardinal de Retz, aidé de la duchesse de Longueville, unie à d'autres femmes de la cour, entame cette guerre ridicule. Personne ne sait pourquoi l'on est en armes; le nom des régimens devient un sujet de plaisanteries; celui du cardinal prend le nom de Corinthe. Gaston écrit une lettre dont l'adresse est: *A M. maréchal-de-camp dans l'armée de ma fille contre Mazarin.*

(*) En 1793, nous avons vu le même peuple, encore plus égaré, crier *Pétion ou la mort*, et quelques jours après, *Pétion à la mort*.

Le prince de Condé assiége cent mille bourgeois avec huit mille soldats. Les Parisiens se mettent en campagne, couverts de rubans, de devises et de plumes ; se font battre, et reviennent accablés de railleries. Les femmes sont à la tête des factions ; l'amour fait et rompt les cabales. On change vingt fois de partis, on chante des vaudevilles, on se bat, on danse, on conspire. Une femme sur le trône a contre elle une partie des dames de la cour ; leurs brigues, d'abord sans importance, amènent une guerre sanglante. Avec des promesses, des chansons, des faveurs, les femmes échauffent les têtes. Enfin, pour un vieux conseiller, un roi est obligé de fuir de sa capitale, d'exiler ses ministres, d'arrêter des princes du sang. Les deux plus grands capitaines du temps, Condé et Turenne, sont opposés l'un à l'autre. Dans le combat de Saint-Antoine, après quatre ans de meurtres et de batailles inutiles, Mademoiselle, en faisant tirer le canon de la Bastille sur l'armée royale, change la face des affaires. Le roi ne tarde pas à revenir dans sa capitale ; il rappelle son ministre, punit les coupables. Tout rentre dans l'ordre; et cette guerre civile, presque commencée par une servante, est à peu près terminée par une princesse du sang.

Comme la duchesse de Longueville contribua le plus à la Fronde, d'abord en entraînant son mari dans le parti opposé à la cour, et ensuite par l'habileté de ses propres intrigues, je dois entrer dans quelques détails à son égard. Ardente, impétueuse, née pour la faction, elle avait tâché de faire soulever Paris et la Normandie. Elle s'était rendue à Rouen pour essayer de corrompre le parlement: se servant de l'ascendant que ses charmes lui donnaient sur le maréchal de Turenne, elle l'avait engagé à faire révolter les troupes qu'il commandait.

Ecoutons le cardinal de Retz pour juger ce qu'il pensait d'elle.

« La duchesse de Longueville, dit-il,
» avait une langueur dans ses manières qui
» touchait plus que le brillant de celles
» même qui étaient plus belles; elle en avait
» même une dans l'esprit, qui avait ses char-

» mes, parce qu'elle avait, si l'on peut le
» dire, des réveils lumineux et surprenans.
» Elle eût eu peu de défauts, si la galan-
» terie ne lui en eût donné beaucoup. Com-
» me sa passion l'obligea de ne mettre la
» politique qu'en seconde ligne dans sa con-
» duite, d'héroïne d'un grand parti, elle
» en devint l'aventurière. »

Nous devons en croire le cardinal, qui certes voyait bien; mais cependant comment ne pas accorder un grand caractère à une femme qui, dans un moment où Paris était assiégé en 1648, résolut d'accoucher à l'hôtel-de-ville, et s'y fit porter pour gagner la confiance du peuple? Je vois dans cette conduite cet enthousiasme qui fait tout risquer pour satisfaire la passion du moment. Peut-être paraît-elle être moins de son sexe, en s'exposant au danger d'accoucher à l'hôtel-de-ville, dans ces temps de trouble; mais remarquons qu'elle n'était pas encore mère, qu'elle allait l'être. Tant que son enfant n'est pas né, tant que ses premiers regards n'ont pas rencontré les siens, il n'a pas exercé sur elle tout son empire; elle peut encore appartenir à d'autres sentimens, surtout à la passion dominante de son caractère. . . Tient-elle enfin son enfant dans ses bras; le changement subit s'opère; elle n'est plus que mère. Les autres passions sont suspendues, et cèdent à la nature. Hier, elle s'exposait à des périls réels, dont aujourd'hui la pensée seule la fait frémir. La duchesse, au milieu des troubles de Paris, accouche à l'hôtel-de-ville; et certes, pour servir, pour accomplir même ses projets, elle n'y eût pas fait porter le berceau de son enfant.

Suivons cette femme ambitieuse dans le reste de sa vie. Nous verrons que, sans se soumettre comme son mari, que sa prison éloigna totalement des affaires, elle sut éviter la persécution par une fuite hardie; qu'elle tenta vingt-fois de renouer ses intrigues, et n'y renonça que lorsque le feu de la guerre civile parût s'éteindre, de manière à ne pouvoir se rallumer.

Née pour être chef de parti, elle se mit à la tête des champions poétiques, qui se battaient pour le sonnet d'Uranie, composé par Voiture, contre celui de Job, écrit par Benserade, et défendu par le prince de Conti (*). C'est à ce sujet que l'on dit plaisamment que le sort de Job était bien déplorable pendant sa vie, et après sa mort, d'être toujours tourmenté, soit pas un diable, soit par un ange.

Lasse de combattre, tantôt pour des princes, tantôt pour des poètes, la duchesse de Longueville songea à se convertir. Le couvent de Sainte-Marie, à Moulins, lui en inspira la première idée ; et, après la mort de son mari, en 1663, elle quitta tout-à-fait la cour, et se retira à Port-Royal. Elle y fit bâtir, et partageant le reste de sa vie entre ce monastère et les carmelites de la rue St.-Jacques, elle mourut avec des sentimens pieux, le 13 avril 1679. Ce fut elle qui forma le projet de la paix de Clément IX, et qui se donna tous les soins nécessaires pour la faire conclure. Toujours active et féconde en ressources, sa maison fut l'asile des

(*) Ces sonnets sont dans tous les recueils du temps.

grands écrivains de Port-Royal. Elle les déroba à la persécution, soit par son crédit, soit par d'autres moyens.

Plusieurs autres femmes figurèrent aussi dans la Fronde. Je n'ai cité que celle dont le caractère m'a frappé. Au reste, cette époque est assez rapprochée de nos jours, pour que personne n'en ignore les détails. En la reportant au but de mon ouvrage, elle doit nous prouver qu'il n'est point de ressources dont le génie des femmes ne les rende susceptibles. De toutes les passions, l'amour est celle à laquelle elles sont le plus soumises, et qu'elles peuvent le moins diriger. Cependant, pour faire naître la Fronde, pour la soutenir, elles surent employer ce sentiment avec une adresse calculée, qui tenait plus de la liberté de cœur et d'esprit; que d'un asservissement qu'elles acceptent volontairement dans des occasions plus calmes, et moins importantes. En un mot, on peut observer que l'amour, dans toutes les intrigues politiques des femmes, devient plus leur agent que leur dominateur, et il y a autant d'habilité que de hardiesse à savoir si bien se servir de son maître.

SIÈCLE DE LOUIS XIV.

Le sort parut vouloir réunir dans un seul règne plus de grands hommes qu'on en avait encore vu depuis le commencement de la monarchie. L'esprit et les talens, les beaux arts et le génie, vinrent parer cet ensemble imposant. Le monarque lui-même, brillant de toutes les qualités qui relèvent la pompe du trône, reçut de ceux qui l'entouraient et leur rendit sans cesse l'éclat immense qui éblouissait les regards; et l'Europe étonnée se redemandait, avec une secrète envie, ce qu'elle devait admirer davantage en France, ou de la nature qui produisait à la fois tant de lumières, ou de l'art du monarque qui savait si bien les faire étinceler.

Les femmes avaient mérité des palmes religieuses à l'établissement du christianisme (*); elles avaient régné par la chevalerie,

(*) Gizille en Hongrie; la sœur d'un empereur grec en Russie; la fille de Childebert en Angleterre; Clotilde en France, etc. etc.

brillé par les actions guerrières et les lettres; mais dans le siècle de Louis XIV, leur rôle, quoiqu'accessoire, rendit peut-être cette époque une des plus remarquables pour elles.

Tant que Louis fut jeune, il offrit un hommage continuel à la beauté. Même au milieu de ses fréquentes inconstances, il montrait pour les femmes un respect tendre, qui déjà laissait voir qu'une d'elles le dominerait un jour. Vers un âge plus mûr, ce sentiment prit en lui un caractère de gravité qui fixa son ame légère. Enfin, dans sa vieillesse, sa maîtresse devint sa femme et son amie. En cela, Louis fit une grande faute, comme roi; mais peut-être un bon calcul, comme homme, à la fin de sa carrière; et le dévouement éclatant de ce grand prince pour la femme qu'il estimait prouva d'une manière solennelle, que si les femmes savent charmer le printemps de notre âge, et nous enivrer des plus doux plaisirs, leur amitié consolante, au déclin de nos jours, éloigne nos tristes souvenirs, endort nos peines, nous amène vers notre fin par une pente plus insensible, et même sur le bord de la tombe, nous fait croire encore au bonheur.

Depuis le commencement de la monarchie, dans tous les instans de révolutions où la hiérarchie des pouvoirs n'était ni reconnue ni fondée; guerre, politique, intrigues, factions, partis, systèmes, rien n'a paru étranger aux femmes; elles se sont mêlées de tout, et souvent se sont distinguées dans tout ce qu'elles ont entrepris. On les a vu créer et servir la Fronde, contribuer surtout aux troubles de la régence; mais quand Louis XIV fut vraiment roi, gouvernant par lui-même, et que le système avec lequel on conduit plus aisément un grand peuple fut établi, respecté, les femmes s'éclipsèrent du théâtre politique; et se contentant d'être les brillantes parures d'un siècle si mémorable, elles vinrent autour du trône de Louis unir le charme à l'éclat, et la grâce à la gloire.

Sous ce règne, rien n'est indifférent. Tout est piquant, utile à méditer. Les passions, les faiblesses même d'un grand homme doivent être observées; et le but de mon ouvrage me conduisant à saisir les rapports des deux sexes entre eux, je passe à l'époque de la prison de Lauzun et de Fouquet, à Pignerol. Peut-être les souvenirs de ces deux captifs sur leur faveur passée, sur les galanteries de Louis XIV, auront-ils quelque intérêt pour le lecteur.

LAUZUN ET FOUQUET,

A Pignerol.

Personne mieux que M. de Lauzun ne peut, sous le rapport des femmes, donner une juste idée d'un siècle dont il fut un des personnages les plus marquans.

On se souvient que ce courtisan ambitieux, ayant osé aspirer à la main de Mademoiselle, fut mis en prison au château de Pignerol. Fouquet, sur-intendant des finances, y languissait depuis long-temps. Plusieurs mois se passèrent sans qu'ils parvinssent à communiquer ensemble. La chambre de Fouquet était au dessus de celle de Lauzun. Ce fut d'abord par la cheminée qu'ils se devinèrent, et que leur correspondance s'établit. Enfin M. de Lauzun obtint de ses gardiens de voir Fouquet deux heures tous les soirs. Le geolier fut peut-être plus gagné qu'attendri. Sa fille, jolie et spirituelle, aida la négociation. Elle fut, je crois, plus attendrie que gagnée. Tout le monde joue son rôle ici-bas; et quand chacun garde le sien et le remplit bien, tout marche au but et l'atteint.

Voilà donc Fouquet et Lauzun réunis tous les soirs dans une vieille tour de Pignerol, eux jadis si brillans à la cour; l'un, fier de sa richesse et de sa puissance; l'autre, de sa grâce, de ses bonnes fortunes et de son crédit, maintenant prisonniers, assis non comme autrefois sur des sophas voluptueux, mais sur une escabelle, et regardant comme un grand bonheur de causer deux heures ensemble, à la lueur d'une triste lampe.

Les prisons d'état étaient, comme dans tous les temps, de la plus grande rigidité. Fouquet, depuis deux ans, n'avait eu aucune correspondance, et pas la plus légère idée de ce qui se passait à la cour. Quand Lauzun, ce petit cadet de Gascogne, que le sur-intendant avait vu sous le nom modeste de *Péguilain*, trop heureux d'être hébergé chez le maréchal de Grammont, lui eût dit qu'il avait été général des dragons, capitaine des gardes, patenté et en fonction de général d'armée, Fouquet le crut insensé. Mais il jugea le délire à son comble, quand il lui raconta qu'il avait été sur le point d'épouser Mademoiselle. Fouquet finit par avoir peur de Lauzun, et par craindre de se trouver tête à tête avec lui. De temps à autre pourtant il le questionnait, pour essayer de ramener son bon sens qu'il croyait perdu.

« Comment, lui disait-il un jour, vous
» me soutenez que vous avez osé vous ca-
» cher sous le lit de madame de Montes-
» pan ?

» Oui, certes, répond Lauzun, grâce à
» sa femme de chambre que j'avais gagnée,
» je ne perdis pas un mot de la conversa-
» tion de sa maîtresse avec le roi. Je vou-
» lais savoir si elle lui demandait franche-
» ment son agrément pour mon mariage
» avec Mademoiselle ; et je fus bientôt con-
» vaincu du contraire. Le roi sortit, je m'é-

» vadai ; et donnant la main, le soir, à ma-
» dame de Montespan, pour aller à la ré-
» pétition d'un ballet de l'Opéra, je lui
» demandai respectueusement si elle avait
» daigné s'occuper de moi auprès du roi....
» Je la laissai bien s'enferrer, et quand elle
» m'eut composé tout un roman sur les
» prétendus services qu'elle venait de me
» rendre près du roi, tout à coup je chan-
» geai de ton ; je lui dis qu'elle était une
» menteuse, une coquine (*) ...... — Ah !
» mon Dieu, dit Fouquet, en l'interrom-
» pant, vous me faites trembler ! — Pour-
» quoi, répond gaiement Lauzun ? Il ne
» m'en a coûté que ma place, ma faveur,
» ma liberté ; et c'est à cette aventure que
» je dois le bonheur de vous voir à Pigne-
» rol. »

On juge que Fouquet, après ce récit, crut encore plus à la déraison de Lauzun ; mais cependant voyant que ses prétendues folies n'avaient rien de dangereux, et craignant l'ennui, plus qu'il ne redoutait son

(*) Ces détails sont rigoureusement historiques.

camarade d'infortune, il se rassura, revit Lauzun, mais l'écouta toujours comme un visionnaire à qui sa prison avait troublé l'esprit. Il était d'autant plus fondé à se livrer à cette idée, que d'abord Lauzun fut mis, en arrivant à Pignerol, sous une basse voûte, dont on ne le retira, par humanité, qu'après une violente maladie qui fit craindre pour ses jours.

Toutes les fois que Fouquet remontait chez lui, il écrivait ce que lui avait dit Lauzun. Ce sont ces conversations, divisées en soirées, que le lecteur va retrouver ici.

UNE SOIRÉE DE FOUQUET ET DE LAUZUN.

LAUZUN.

Eh bien, mon cher sur-intendant, commencez-vous à me croire un peu moins fou, et qu'il s'en est peu fallu que mon mariage n'ait été conclu?

(*à part.*) FOUQUET. (*haut.*)

Il vaut mieux le laisser dire. Moi, monsieur, je ne suis plus qu'étonné; voilà tout.

Vous me disiez hier que vous aviez commencé des mémoires, depuis que vous êtes ici.

LAUZUN.

Oui ; je me plais à repasser dans ma tête quelques événemens ; cela me distrait.

FOUQUET.

Les femmes jouent un grand rôle dans tout cela ?

LAUZUN.

Comme vous dites ; elles ont fait le bonheur et le malheur de ma vie. Mais je les adorerai toujours.

FOUQUET.

Pardieu! vous êtes bien bon ; moi je les déteste autant que je les aimais.

LAUZUN.

Si le roi, qui prend l'habitude de nous juger, était ici, il serait de mon avis.... plus que du vôtre.

FOUQUET.

Les femmes le perdront.

LAUZUN.

LAUZUN.

Bon, bon! ce ne sont pas les femmes qui vous ont perdu, et vous leur devez de bien doux momens. Souvenez-vous de votre maison de Saint-Mandé, où toute la cour quelquefois vous attendait dans votre antichambre, croyant que vous étiez occupé du travail le plus sérieux. Ils ne savaient pas tous que vous étiez descendu par un escalier dérobé dans un petit jardin, où des nymphes, que je nommerais bien, venaient vous tenir compagnie.

FOUQUET.

C'est ce bavard de Choisy qui vous a fait tous ces contes-là..... ; mais revenons au roi. Puisqu'il aimait tant les femmes, pouvais-je mieux faire que de l'imiter? Quelle est celle que vous croyez qu'il a le plus chérie jusqu'à présent?

LAUZUN.

Votre question vient à propos; car je veux faire un petit traité de ses amours. D'après ce que j'ai recueilli, c'est mademoiselle de Mancini, sa première maîtresse, qu'il a le plus aimée; femme peu jolie: j'ai là son portrait dans mes notes, par madame de Motteville (*): « teint beau, tirant sur le » jaune; le cou et les bras longs et déchar- » nés; la bouche grande et plate, mais de » belles dents; la taille haute et droite; les » yeux rudes sans feu; mais qui promet- » taient de s'adoucir et de s'animer. » Au reste, le roi est excusable d'avoir si mal débuté. Le cardinal ne l'entourait que de ses nièces; il n'avait pas le choix. L'ascendant de mademoiselle de Mancini fut tel, que la reine-mère craignait l'ambition du cardinal qui, dit-on, n'avait pas rougi de songer au monarque pour sa nièce.

« Si le roi était capable de cette indigni- » té, dit un jour la reine à Mazarin, je me » mettrais, avec mon second fils, à la tête de » toute la nation contre lui et contre vous. »

FOUQUET.

Où en étaient les finances du roi à cette époque?

(*) Voyez M. Anquetil.

LAUZUN.

Il ne s'agit pas de ses finances ; il s'agit de sa maîtresse : on l'en sépara. Le roi pleura...... *Vous pleurez*, lui dit Marie de Mancini, avec un air de tendresse, mêlée d'indignation, *vous pleurez, vous êtes roi, vous m'aimez, et je pars* (*).

Après mademoiselle de Mancini, vint mademoiselle d'Argencourt. Régularité de traits, grâce, fraîcheur : naïveté, relevée d'une gaîté piquante, tout cela charma le roi ; mais, par une indiscrétion, elle-même renversa sa fortune.

FOUQUET.

Nous en sommes, je crois, à la Beauvais, première femme de chambre.

LAUZUN.

Oui, sans compter mille autres petites distractions du monarque dont je parlerai. Cette femme eut de l'ascendant sur lui, et

(*) On sait que cette séparation fit choisir à Racine le sujet touchant de *Bérénice*, et qu'il a rempli sa tragédie d'une foule d'allusions délicates.

beaucoup même... Dans mon petit ouvrage, vous jugez que je peindrai la guerre établie entre madame de Navailles, qui défendait les filles d'honneur de la reine, et le roi et ses jeunes courtisans qui les attaquaient sans cesse.

FOUQUET.

Et les obtenaient souvent. C'était le Tellier qui était le ministre, et moi le payeur.

LAUZUN.

Et mademoiselle de la Mothe Houdancour la maîtresse chérie alors. Le Tellier fut chargé d'une petite négociation à ce sujet, par madame de Navailles..... qui pensa le perdre, comme vous savez.

FOUQUET.

Je le crois bien. Le roi ajoute si facilement foi aux propos, tels que ceux de Colbert.

LAUZUN.

Ah! mon cher sur-intendant, voilà de la petite rancune de ministre!

FOUQUET.

Parlons d'autre chose, s'il vous plaît.

Vous n'oublierez pas les grilles de fer que madame de Navailles osa faire poser partout, pour empêcher les entrées clandestines des jeunes gens, et du roi même, dans l'appartement des filles d'honneur?

LAUZUN.

Ni la colère du roi en voyant les grilles qu'il fit arracher. Nous voilà arrivés à la Vallière. Cette la Vallière, si touchante, si intéressante, si tendre et si honteuse de l'être, qui aurait aimé Louis, quand il n'aurait été qu'un simple particulier, et qui lui sacrifia, en gémissant, son honneur et ses scrupules.

Choisy a raison de lui appliquer ce vers:

Et la grâce plus belle encor que la beauté.

Voilà une de mes notes. « Mademoiselle » de la Vallière est aimable. Sa beauté a de » grands agrémens, par l'éclat, la blancheur » et l'incarnat de son teint, par le bleu de » ses yeux qui ont une douceur enchante- » resse, et par la beauté de ses cheveux » argentés qui augmente celle de son vi- » sage. »

FOUQUET.

Bien!

LAUZUN.

Trouvez-vous ? Je fais bien de vous consulter ; car la Vallière vous a touché comme un autre..... A propos de cela, mon cher..., répondez-moi avec franchise..., nous sommes ici entre nous.

FOUQUET.

Oui, entre nous, comme vous dites. L'expression est plaisante en prison. Eh bien ?

LAUZUN.

Est-il vrai, comme on l'assure, qu'épris des charmes de la Vallière, et ne vous doutant pas du sentiment du roi pour elle, vous lui avez fait offrir vingt mille pistoles ?

FOUQUET.

Oui, j'en conviens. Pouvais-je me douter que le roi pensait à une des filles d'honneur de Madame ? Il y eut sur cela une petite intrigue secrète que je sais à merveille. Je vais vous la conter ; elle pourra tenir place dans vos mémoires. Si vous avez appris quelques-unes de ces anecdotes, vous ne les savez sûrement pas aussi en détail.

Je remonte un peu plus haut, parce que cela est nécessaire.

Philippe d'Orléans, autrement dit *Monsieur*, venait d'épouser Henriette d'Angleterre. Il avait fort désiré ce mariage; peut-être, comme il désirait toutes les cérémonies, même les funèbres (ceci soit dit en passant). Le miracle d'enflammer le cœur de ce prince n'était réservé à aucune femme. Si quelqu'une avait pu se flatter d'y réussir, c'était sûrement la jeune Henriette. Sans être d'une beauté parfaite, elle était, par ses manières et son enjouement, tout-à-fait aimable; on ne la quittait pas, sans être content de ses propos obligeans et de son honnêteté. Elle avait infiniment de grâce, s'habillait et se coiffait d'un air qui convenait à toute sa personne; de manière qu'on la louait de bonne foi sur sa belle taille, quoiqu'elle l'eût bien gâtée.

Le roi, qui l'avait dédaignée dans son enfance, lui trouva, quand elle fut devenue sa belle-sœur, des goûts si assortis aux siens, qu'il en fit sa compagne ordinaire. Comme il tenait sa cour tantôt chez elle, tantôt chez la comtesse de Soissons, toutes deux se lièrent d'une intime amitié.

La jeune reine n'était pas de leurs amusemens. Attachée à la reine-mère qu'elle ne quittait pas, dévote, plus retirée qu'il ne convient à une reine de France, elle était, pour ainsi dire, avare de la personne du roi; elle avait voulu le posséder seule, et elle souffrait plus de le voir au milieu des divertissemens, entouré d'autres femmes, qu'elle ne prenait de plaisirs à ces fêtes.

Ce fut chez Madame que le roi vit d'abord mademoiselle de la Vallière; elle se nommait de la Beaume le Blanc, fille du premier maître-d'hôtel de Madame, femme de Gaston. Elle fut reçue fille d'honneur dans la maison d'Henriette. Etant à Blois, à la cour de Gaston, elle fut recherchée en mariage par un Bragelone. Je sais même que le roi craignait pour cela de n'avoir pas eu les prémices de son cœur, et qu'il en témoigna de l'inquiétude. Ils se connurent, dans le temps de la plus grande intimité de Madame, avec la comtesse de Soissons; et lorsque les deux sociétés réunies marchaient d'un pas égal sous l'étendard d'une joie poussée jusqu'à l'étourderie (disaient les grands de la cour), rendez-vous, tête-à-tête, petits jeux, promenades nocturnes, repas tardifs, nommés *media noche*, on se permettait tout; la reine-mère gémissait de ces libertés, en parlait à son fils et à Madame, sa belle fille, qui traitaient ses réflexions de surannées; Monsieur montrait des soupçons, se fâchait, et on n'en tenait compte.

Cependant ces deux royales personnes, me dit M. de la Fayette, firent des réflexions, et convinrent que, pour s'épargner les harangues de la reine-mère, se mettre à l'abri des incartades de Monsieur, et tromper la curiosité du public, le roi feindrait d'être amoureux d'une des filles d'honneur de Madame. En conséquence de cette résolution, prise dans un petit conseil auquel la comtesse de Soissons fut appelée, après avoir passé plusieurs jeunes personnes en revue, on assigna au roi mademoiselle de la Vallière qu'on croyait simple, parce qu'elle était naïve; facile à conduire, parce qu'elle était douce et accommodante, et qu'on ne la trouvait pas assez belle pour faire craindre, si Louis prenait de l'attachement pour elle, de ne pas pouvoir le rompre, quand on voudrait. On se trompa. Ce que l'on ne voulait donner au roi que comme un voile, une apparente distraction, devint une passion vive. Bientôt Madame et la comtesse de Soissons ne durent les assiduités du roi qu'au désir de rencontrer la Vallière chez elles. Ainsi, quand elles le voyaient ordonner des fêtes, des tournois, des carrousels, des ballets, y prendre lui-même un rôle, s'empresser d'y briller, elles ignoraient que c'était pour obtenir un coup-d'œil approbateur d'une fille de leur suite. Lorsqu'enfin il se montrait le plus généreux des princes, qu'il distribuait aux compagnes de la Vallière, tantôt des rubans, des plumes, de jolies bagatelles, tantôt des dentelles, des diamans, des ajustemens de prix; la princesse et la comtesse ne se doutaient pas que c'était pour faire accepter à cette fille quelque présent important, qu'il avait l'art de lui faire tomber à son tour, comme par hasard, et qu'elle n'aurait pas reçu, si elle n'eût été enhardie par l'exemple des autres.

Elle fut long-temps à se tenir dans les bornes de cette réserve qu'elle aurait bien voulu ne jamais franchir. Je lui rends cette justice. Toute recueillie en elle-même et dans sa passion, elle était plus occupée de ce qu'elle aimait, qu'attentive à lui plaire. Point d'ambition, point de vues ; il fallut même que le roi découvrît qu'elle avait un frère, dont il pouvait faire la fortune. Il remarqua dans une revue, qu'elle souriait amicalement à un jeune homme, qui de son côté l'avait saluée d'un air de connaissance.

Le soir, le monarque demanda, d'un ton sévère et même irrité, quel était ce jeune homme. Elle se troubla d'abord, puis enfin répondit que c'était son frère. Louis s'en étant informé, lui fit des grâces distinguées.

Vous jugez comment, avec ce désintéressement, mes offres maladroites furent reçues. La proposition de ces vingt mille pistoles m'a coûté cher. L'ignorance où j'étais du goût du roi, pour la Vallière, prouve le mystère qu'il mit dans le commencement de cette liaison.

Mais on nous avertit de nous séparer ; nous causerons demain.

CINQUIÈME SOIRÉE.

LAUZUN.

J'ai écrit ce matin tout votre détail sur la Vallière, mon cher Fouquet ; je vous préviens que je ne passe pas sous silence votre petite tentation pour elle.

FOUQUET.

J'y consens : être en pensée le rival du roi, ne peut que faire honneur.

LAUZUN.

Voici ce que j'écris sur l'aventure de Saint-Cloud ; vous me direz si j'oublie quelque chose. « La Vallière était entraînée et » point heureuse ; flottante entre Louis et » ses remords, il lui arracha des preuves » d'amour qui ne marquaient que trop sa » faiblesse. »

FOUQUET.

Que trop, en effet. Ajoutez en note que l'infortunée se serrait d'une manière cruelle pour cacher son état : ce n'était qu'avec des rubans très-doux, mais qui pourtant froissaient sa peau délicate. Il fallut avoir une ceinture. A qui se confier pour se la procurer ? Le roi seul s'en chargea.... Louis, déguisé, alla commander cette ceinture... Vous allez reconnaître sa galanterie ordinaire. Il fit faire la ceinture en soie, recouverte de ses propres cheveux ; et pour que la magnificence se mêlât au sentiment, les boucles et les attaches furent faites des diamans les plus beaux. Le chiffre des deux amans, fait en rubis, fut placé sur la ceinture..... Un juif vendit les pierreries. J'eus un ordre secret de les payer ; et je découvris par là le mystère... Je n'oublierai jamais que le roi, par une recherche de sentiment, voulut que le gros diamant qui formait le corps du Saint-Esprit, qu'il portait toujours sur son cœur, fût au milieu du chiffre.... Il n'était pas aisé de le remplacer. Le juif y parvint. Vous jugez ce qu'il en coûta. Le roi ne lui donna que huit jours, pendant lesquels une pierre fausse fut substituée à celle de la couronne. Mais ce que personne n'a su, excepté le roi, et qui fait honneur à la Vallière, c'est qu'elle fit ôter tous les diamans, les fit remplacer par des boucles et un chiffre noirs, fit vendre les pierreries, et dota de leur produit l'établissement pour les orphelins. Les deux emplois très-opposés de cette pierre ne vous semblent-ils pas plaisans ?

LAUZUN.

Qu'importe d'où vient la charité, pourvu qu'elle soit faite ? Je prends l'anecdote, et l'écris en marge.... Je continue.... La Vallière, loin d'être glorieuse, comme il arrive quelquefois à ses semblables, se cachait, se gênait au point d'exposer sa vie pour détourner les soupçons. « C'est ici que » je placerai l'anecdote. »

Vous veniez d'être jugé, mon cher Fouquet, et conduit ici. Un an après, les angoisses, les combats, le désespoir de cette amante désolée, ses momens de repentir devenus très-fréquens, rendaient pénible le triomphe de son séducteur. Soit dépit conçu de quelques attachemens passagers que

Louis se permettait, soit scrupule plus fort qu'à l'ordinaire, la Vallière, un matin, se déroba à la cour, et courut s'enfermer à Chaillot. Le roi ne l'eut pas plutôt appris, que, sans vouloir écouter les représentations de sa mère, il se jette sur le premier cheval qu'il trouve, et court au grand galop la chercher. Louis, accompagné d'un seul page, nommé Lusancy, se fait ouvrir les portes, parle à sa maîtresse, la détermine et l'entraîne avec lui. Cette personne intéressante qui, dans ses plus grands désordres, n'oublia jamais qu'elle commettait une faute, et se flatta toujours de l'expier, tournant vers la religieuse qui ouvrait la porte ses yeux baignés de larmes, lui dit : « Adieu, ma sœur ; vous me reverrez bien- » tôt. »

Avant que cette prédiction s'accomplît, la Vallière, jusque-là si modeste, s'enivra de sa faveur. Elle accepta le titre, le rang et les honneurs de duchesse. Un jour, dans un voyage, elle perdit toute mesure, toute idée de respect, en faisant couper la voiture de la reine par la sienne, dans le dessein d'arriver près du roi avant elle. Cet éclat lui fit un tort réel. La suite prouva cependant que cette coupable légèreté tenait à une étourderie momentanée, et non au fond de son caractère ; car elle ne tarda pas à s'en repentir, et l'on apaisa la reine. Le moment approchait où les chagrins de la Vallière, causés par l'inconstance du roi, préparaient sa retraite. Ne doutant plus de la passion du roi pour madame de Montespan, elle s'éclipsa une seconde fois et se retira encore au couvent. Remarquez bien ici, mon cher Fouquet, la marche du sentiment. La première fois que la Vallière va s'enfermer à Chaillot, le roi passionné y vole. Son cheval n'a pas assez de rapidité. Il arrive et enlève sa maîtresse. Mais la seconde fois qu'elle s'éloigne, ce n'est plus un amant qui reçoit cette nouvelle avec effroi ; c'est le monarque froidement ému, qui, sans songer à suivre les traces de la belle fugitive, m'ordonne d'aller la trouver, d'essayer de la consoler, de la ramener à la cour. J'y parvins, et ma mission fut d'autant moins touchante, que l'ambassadeur et la maîtresse affligée étaient aussi convaincus l'un que l'autre que tout cela ne serait qu'un rapprochement d'égards mutuels, et non un raccommodement solide.

FOUQUET.

Je suis bien de votre avis. On renoue quelquefois en amitié ; mais en amour, les raccommodemens les plus tendres ne sont que des ruptures différées.

LAUZUN.

Cela doit être. L'amitié est un sentiment calme ; l'amour est une effervescence de l'ame. On peut aimer moins son ami, et l'aimer encore ; mais quand on aime moins sa maîtresse, on ne l'aime plus du tout. Une flamme douce s'affaiblit et se ranime ; une explosion rapide ne peut renaître.

FOUQUET *à part.*

Il y a des momens où l'on serait presque tenté de croire qu'il retrouve sa raison. (*haut*) Parlons donc de madame de Montespan. Qu'en direz-vous ? Vous êtes un peu suspect.

LAUZUN.

Elle est cause de ma perte ; mais je serai vrai, et ne dirai que tout ce que le monde pense d'elle.

Belle comme un ange, elle est moins bien partagée pour les qualités de l'ame ; haute, capricieuse, sujette à des humeurs que tout le monde éprouve, et Louis XIV lui-même. Les courtisans craignent de passer sous ses fenêtres, surtout quand le roi est avec elle. Ils appellent cela passer par les armes, et le mot est resté. Il est vrai qu'elle n'épargne personne, souvent sans autre dessein que de divertir le roi ; et comme elle a l'esprit d'à-propos, et surtout un tour de plaisanterie très-fine, rien n'est plus dangereux que les ridicules qu'elle donne. Cependant elle sait aussi procurer au monarque des amusemens plus innocens, qui semblent contraster un peu trop avec la majesté du trône. Mais qu'est-ce que l'amour ne rapproche pas ? J'ai vu madame de Montespan atteler six souris à un carrosse de filigrane, et leur laisser mordre ses belles mains. Elle a des lapins et des chèvres dans des boudoirs peints et dorés.

Le roi la montrait quelquefois aux ministres, comme un enfant, se récriant sur le badinage des Mortemarts. Mais elle sait tous les secrets de l'état, et donne de très-bons et de très-mauvais conseils, selon ses passions. Vous voyez que dans tout ceci je suis impartial.

FOUQUET.

A peu près, comme on l'est dans certaine position : comme je le fus en écrivant ces notes que tant de gens ont été si fâchés que je n'aie pas brûlées à Saint-Mandé, quand ma disgrâce éclata.

LAUZUN.

Ah ! parbleu, je l'oubliais ; la liste des femmes à qui vous aviez offert des tributs respectueux, qu'elles échangeaient contre leur vertu.

FOUQUET.

En faveur du roi.

LAUZUN.

Et en votre faveur, mon cher sur-intendant. Ah ! que d'époux désolés ! que d'amans désabusés, furieux ! c'est le roi seul qui a possédé cette liste.

FOUQUET.

Oui ; mais comme il est quelquefois faible avec ses maîtresses, plusieurs ont lu la liste, et vous connaissez la discrétion d'une femme sur le compte des autres.

LAUZUN.

Je ne conçois pas trop la colère des amans à cette nouvelle. Eh ! mon Dieu ! quelle femme peut être à l'abri d'aussi brillantes séductions ?

FOUQUET.

Vous avez raison. Otez le nombre de celles qui ont failli sans qu'on le sache, et d'autres qui n'ont pas été mises à l'épreuve ; combien en reste-t-il ?

LAUZUN.

Presque point ; aussi je le répète : tant pis pour qui se fâche. On est bien fou.

FOUQUET.

Je puis donc vous dire, sans vous déplaire, que madame de G.... qui vous a résisté si long-temps. . . . . . . était sur ma liste.

LAUZUN.

Ciel ! pour le roi donc ?

FOUQUET.

Ah ! mon Dieu, non... Pour moi.

LAUZUN, *avec colère.*

Cela ne se peut pas, monsieur, vous en imposez... Je réponds de madame de G... ; elle n'est pas de celles que l'on calomnie impunément devant moi ; et si vous continuez....

FOUQUET.

En brave défenseur des belles, vous me ferez sortir, n'est-il pas vrai .... Ma foi, je ne demande pas mieux....... Et dans le moment même.

LAUZUN.

Il faut bien rire malgré moi. Quoi ! madame de G.... ?

FOUQUET.

Oui, monsieur, madame de G.... Voilà donc votre belle philosophie qui ne s'étonne et ne se fâche de rien !

LAUZUN.

Ma foi, vous avez raison, mon cher Fouquet... C'est un peu tard être novice. Je vois que sur le compte des femmes on peut en apprendre tous les jours, même au plus expérimenté.

FOUQUET.

On nous appelle; voilà nos deux heures écoulées. A demain. Nous nous communiquerons encore quelques anecdotes. S'il me revient des noms de ma liste, je vous les dirai; mais à condition que vous me répondrez de ma vie; sinon, d'avance, je conviens que toutes les femmes sont infaillibles.

DERNIÈRE SOIRÉE.

LAUZUN.

Oui, mon ami, j'ai ma liberté; j'en ai reçu l'ordre, signé du roi, il y a une heure; mais quoiqu'on dise qu'il faut sortir de prison aussitôt qu'on en trouve l'occasion, je veux passer encore avec vous cette soirée. Je ne partirai que demain matin.

FOUQUET.

Je reconnais là l'aimable courtoisie de M. de Lauzun, et je l'en remercie, sans m'en étonner. Savez-vous à qui vous devez la grâce inattendue que vous venez d'obtenir ?

LAUZUN.

Mais je la dois, je pense, en grande partie, à Mademoiselle qui, dans sa lettre, craint, par modestie, de me le faire entendre, mais me le laisse deviner. Un ami, qui m'écrit particulièrement, m'assure que Mademoiselle a brisé mes fers par un grand sacrifice (*)..... Si c'était celui que je crains, vous me reverriez bientôt ; car j'y suis décidé, ou j'aurai l'agrément du roi pour mon mariage avec la princesse, ou je retourne en prison.

(*) Ce sacrifice était la promesse de faire le duc du Maine, fils de madame de Montespan, héritier de la fortune de Mademoiselle. Elle n'obtint la liberté de Lauzun qu'en faisant au duc du Maine une donation entre vifs de la principauté de Dombes et du comté d'Eu.

FOUQUET, (*à part*).

Allons, le bonheur même de retrouver sa liberté ne lui remet pas la tête.

Puisque vous m'accordez cette soirée, montrez-moi la suite de l'histoire de madame de la Vallière.

LAUZUN.

Volontiers. Nous l'avons laissée revenant à la cour par mon entremise.

Vous verrez que les choses sont toujours ce qu'elles doivent être. La première fois qu'elle va s'enfermer au couvent, le roi l'en arrache lui-même; la seconde, il m'en charge; la troisième, il l'y laisse.

« La passion du roi pour madame de » Montespan était dans toute sa force, au » point de lui faire quitter brusquement » l'armée dans les occasions mêmes où sa » présence était nécessaire. Ce n'était pas » que madame de la Vallière fût absolument » abandonnée; mais le roi ne tenait plus à » elle que par un reste d'habitude, et par le » lien de leurs enfans. Moins sensible au » triomphe qu'elle préparait à madame de Montespan,

» Montespan, qu'au plaisir qu'elle faisait » au roi, elle poussait la bonté jusqu'à la » parer de ses propres mains. Celle-ci, abu- » sant de ses avantages, affectait d'admirer » son adresse, de s'en louer, et assurait » malignement qu'elle ne pouvait être con- » tente de son ajustement, si sa rivale n'y » travaillait. Malgré ces complaisances aux- » quelles la Vallière ne se pliait que pour » être soufferte auprès du roi, il ne pou- » vait douter de sa profonde douleur.

» L'aveu en échappa à l'amante aban- » donnée en présence d'une personne té- » moin, comme elle, des tendresses de » Louis et de sa nouvelle maîtresse. *Quand » j'aurai de la peine aux Carmélites*, lui » dit-elle, *je me souviendrai de ce que ces » gens-là m'ont fait souffrir.*

» Le temps était venu où elle devait enfin » ensevelir dans un cloître ses chagrins, ses » plaisirs, et jusqu'à leur souvenir, s'il eût » été possible. Ce ne fut pas une résolution » subite; on a vu qu'elle y pensait depuis » long-temps. Mais au moment de l'exécu- » tion, elle éprouva des combats causés

» par la diversité des opinions. Les dévots » et le duc de Beauvillers à leur tête, l'ex- » hortaient à donner un grand exemple. » D'autres l'invitaient à se retirer simple- » ment dans une communauté. Sa mère au- » rait désiré qu'elle vînt tenir sa maison en » élevant ses enfans. On lui proposa aussi » de choisir un ordre où elle pouvait par- » venir à des dignités que le cloître n'ex- » clut pas. Elle répondit modestement que » *n'ayant pas su se conduire elle-même, elle* » *ne devait pas songer à conduire les autres.*

» Il se présenta plusieurs mariages ; mais » on soupçonna à Louis cette pensée orgueil- » leuse, qu'après avoir été à lui, elle ne » devait plus être à personne qu'à Dieu ; et » comme si une nouvelle passion rendait » dur pour l'ancienne, il prononça son sa- » crifice, et elle s'y dévoua avec un entier » abandon.

» Le 19 avril 1674, elle reçut les adieux » de la cour chez madame de Montespan, » y soupa, entendit, le lendemain, la messe » du roi, monta dans son carrosse, et s'en- » sevelit, pour toujours, à l'âge de trente

» ans, dans le couvent des Carmélites de la » rue Saint-Jacques ; elle y fit profession, » le 4 juin de l'année suivante, en présence » de la reine et de toute la cour, sous le » nom de *Sœur Louise de la Miséricorde*, » et y vécut trente-six ans dans les exer- » cices les plus pénibles de la vie religieuse, » dont elle eut aussi les consolations. Sa » rivale en allait quelquefois chercher au- » près d'elle. *Est-il vrai*, lui dit-elle un » jour, *que vous soyez aussi aise qu'on le » dit? Je ne suis pas aise*, lui répondit la » vertueuse Carmélite, *mais je suis con- » tente*; expression qui marque bien le » calme d'une bonne conscience, même » affligée. »

FOUQUET.

Le parti qu'elle a pris ne m'étonne pas du tout. La retraite d'un ministre est connue, c'est, ou la persécution, ou l'exil ou l'oubli. Celle d'un favori, de même ; mais celle de la maîtresse d'un roi puissant n'est pas aisée à choisir. Est-elle jeune encore, son goût l'entraîne vers les hommages, son orgueil et ses souvenirs l'en éloignent, son existence passée l'invite à chercher l'éclat, son malheur l'obscurité. Il n'y a vraiment plus de monde pour elle, il faut qu'elle meure ou qu'elle s'ensevelisse dans un couvent.

LAUZUN.

Ce qui se ressemble beaucoup. Mais, mon cher Fouquet, toute cette aventure ne vous fait-elle pas réfléchir sur l'influence des femmes dans ce siècle, sur le rôle qu'elles y jouent, même quand leur existence est finie ?

Dans un autre pays, un souverain prend une maîtresse, la quitte, on n'y pense plus; c'est un météore qui brille et qui s'éteint. Mais en France, l'amour donne à une femme une bien autre consistance. Voyez la Vallière : son éclat la suit même dans sa disgrâce; son malheur prend une sorte de solennité. C'est publiquement, chez sa rivale, qu'elle reçoit les adieux de toute la cour; de cette cour qui ne peut plus rien espérer d'elle, et qui cependant lui rend hommage. C'est avec pompe qu'elle entend la dernière messe du roi; qu'aux yeux de tous, elle monte en voiture, pour aller faire un rigoureux sacrifice, non pas à la vertu, mais aux dernières volontés de son royal amant, pour lequel son dévouement pieux devient une nouvelle preuve de tendresse; il semblerait que, plus le roi est grand, plus il a de puissance et de renommée, moins on devrait compter avec la femme qu'il abandonne; mais, au contraire, un an après la retraite de la Vallière, les souvenirs et les respects vont encore la chercher au fond de son cloître. On sait ce que c'est qu'un an pour l'oubli, surtout quand il s'agit d'une femme disgraciée. La prise d'habit de la Vallière devient la nouvelle de toute la France. La cour entière et la reine même prirent part à cette cérémonie. On s'attendrit, on pleura. La reine à genoux, suivie de sa maison, prouva publiquement qu'elle connaissait les fautes du roi envers elle, les faiblesses de la Vallière; celle-ci les avoua, les expia; le monastère les apprit, les pardonna, et la religion, triomphante en ce moment, jouit en paix d'une victoire qu'elle ne devait cependant qu'à l'inconstance de l'amour (*).

(*) N'oublions pas qu'un des plus beaux discours

FOUQUET.

Oui, dans ce siècle, il a eu un grand empire. Après les guerres civiles et les querelles de partis, les femmes souvent saisissent les momens de repos pour établir leur puissance.

LAUZUN.

Que faire, en effet, dans le désœuvrement et le calme de la paix ? Les arts n'occupent réellement que ceux qui les professent. Dans une certaine classe, on ne peut que les protéger, et la protection tient peu de place parmi les jouissances.

Tout a contribué dans ce règne à donner de l'existence aux femmes ; le goût du souverain pour ce sexe, et la quantité de femmes distinguées qui ont paré à la fois la ville et la cour. Le monarque, toujours passionné pour la gloire, trouvant peu d'occasions d'en recueillir en temps de paix, a

---

qu'ait produit le génie de Bossuet fut prononcé par ce grand homme dans cette cérémonie. Ainsi l'éloquence et la vertu vinrent au secours de la foiblesse, et calmèrent ses remords.

voulu, par sa magnificence, occuper encore la renommée, quand elle ne publiait plus ses victoires. Il a créé des miracles à Versailles, à Marly ; il a forcé la nature à céder aux efforts de l'art. C'est de même avec éclat et somptuosité qu'il offre des hommages à la beauté ; c'est par des routes brillantes qu'il veut parvenir à la vaincre, à triompher de ses rigueurs. Forcé d'aimer, il fait une divinité de l'objet qu'il exhausse, pour ne pas se rabaisser à ses propres yeux ; il élève la femme devant laquelle il se prosterne : et, pareil au maître du tonnerre, lorsqu'il est amoureux, il y a toujours des symptômes de puissance dans ses soins les plus tendres et les plus soumis, et jamais l'amant ne cache entièrement le souverain.

Nous l'imitons tous à la ville et à la cour. Aucun roi n'a donné le ton comme celui-ci, n'a, comme lui, influé sur la conduite et presque sur les pensées. Notre galanterie a pris la teinte d'élégance et de respect pour le sexe dont le monarque nous offre l'exemple. Il y a moins de chevalerie que sous François I.er, peut-être moins de tendresse que sous Henri IV; mais, si je puis me servir de cette expression, il y a plus d'importance dans l'amour, et le rôle des femmes y paraît plus digne.

FOUQUET.

Pour parler d'autre chose, M. le duc, puis-je espérer de votre obligeance, au moment de votre départ, une grâce à laquelle je tiens?

LAUZUN.

Mon cher Fouquet, parlez, exigez; il faudrait que la chose fût impossible pour n'être pas sûr que je l'accorde d'avance.

FOUQUET.

Je retrouve votre amabilité ordinaire, et j'en profite. La complaisance que je vous demande est de remettre vous-même cette lettre au roi. Vous rentrez en grâce; il vous traitera d'autant mieux qu'il a bien quelques torts à se reprocher envers vous.

LAUZUN.

Je vous entends. Soyez bien sûr de l'exactitude, et de l'intérêt que je mettrai à cette commission. Je ferai plus; je donnerai cette lettre au roi, avant de lui parler de mon mariage.

FOUQUET.

C'est surtout ce que je vous demande avec instance.

LAUZUN.

Vous pouvez vous en rapporter à moi. Comme il est possible qu'il naisse un nouvel orage au sujet de cette union à laquelle je m'obstine, il est inutile que vous en soyez la victime.

Lauzun et Fouquet se quittèrent avec toute l'expression de l'amitié la plus vive et des regrets les plus réels. On s'attache en souffrant ensemble. Il n'y a personne qui ne l'ait éprouvé.

Mais ce qu'on ne devinera jamais, c'est la marque d'attachement que Fouquet donna, dans cette occasion, à son compagnon d'infortune. On croit sûrement, comme Lauzun le croyait lui-même, que cette lettre de Fouquet au roi était une prière de finir sa longue détention. Mais que l'on juge de l'étonnement du monarque et de Lauzun, lorsque celui-ci remettant au roi la lettre de Fouquet, et le suppliant avec respect d'y avoir égard, Louis XIV trouva sous l'enveloppe une lettre conçue en ces termes :

SIRE,

« Ce n'est pas pour moi que j'ose implo-
» rer aujourd'hui les bontés de votre ma-
» jesté. Je sais que j'ai mérité sa colère, et
» me soumets, sans murmurer, à la puni-
» tion qu'elle m'impose ; mais c'est pour ce
» pauvre Lauzun que je réclame son indul-
» gence. Que le roi n'écoute rien de tout ce
» qu'il lui dira. Je préviens sa majesté que
» la tête de cet infortuné a tourné en pri-
» son ; désespéré d'avoir perdu les bontés
» du roi, croyant qu'il ne les retrouverait
» jamais, il n'a pu résister à l'excès de son
» malheur. Témoin des premières annon-
» ces de l'égarement de son esprit, j'ai tout
» employé pour rappeler sa raison ; mais
» enfin il m'a dit de telles extravagances,
» que j'ai perdu tout espoir. J'ai cru devoir
» en prévenir le roi, pour qu'il n'attribuât

» qu'à ce malheur les inconséquences de » tout genre, que ce pauvre Lauzun va » sûrement commettre.

» Je suis, etc. »

Le roi, qui s'était adouci pour son ancien favori, garda un moment son sérieux, et dit gravement à Lauzun : « Tenez, voilà » un brevet que je vous accorde, et que je » ne doute pas que vous n'ayez mérité. » Lauzun, sans songer que le roi lui donnait la lettre de Fouquet, se prosterne aux pieds de son maître, avec l'expression de la plus vive reconnaissance, persuadé qu'il obtenait une des plus grandes charges de la cour. « Lisez, lui dit le roi : encore faut-il que » vous sachiez si ce brevet vous convient. » On juge de la surprise de Lauzun, en lisant la lettre de Fouquet. Le roi et lui en rirent long-temps ensemble. Il y avait dans cet écrit un mélange de ridicule et de bonhomie vraiment remarquable. Lauzun voulut en profiter, et se servir de ce moyen pour essayer de fléchir le roi sur le compte du sur-intendant; mais Louis, qui revenait rarement, reprit son visage austère, et imposa silence à Lauzun, qui fut obligé de renoncer à l'espoir de briser les fers de son ami.

MADAME DE MAINTENON.

EXCEPTONS un très-petit nombre d'hommes qui n'ont avec les femmes que des rapports passagers, et qui sont assez malheureux pour ne pas les apprécier, tous ceux qui ont le bon esprit de partager leur existence avec elles, ont senti qu'après plusieurs liaisons différentes, la femme, véritablement faite pour les dominer, les subjuguait en paraissant, et qu'elle obtenait, par sa seule présence, ce que d'autres avaient inutilement tenté par la séduction la plus calculée. L'empire qu'une femme prend alors sur nous ne tient point à la beauté, à l'esprit, aux agrémens ; souvent même aux yeux des autres, elle ne possède pas ces qualités à un degré très-éminent. C'est un charme secret, un accord intime entre votre ame et celle de l'objet aimé. Il semble que les qualités de cette femme soient de nature à n'être devinées, appréciées que par l'homme qu'elle séduit. C'est presque un son qui n'est entendu que de votre oreille, des mouvemens aimables qui ne répondent qu'à votre cœur. Voilà ce que Louis XIV éprouva pour madame de Maintenon. Madame de Maintenon seule devait être cette seconde partie de lui-même, cet être intimement en rapport avec toutes ses facultés morales, en un mot, la femme dominante dont je viens de parler tout à l'heure, et que le roi ne rencontra qu'à la fin de sa carrière.

En étudiant bien le caractère de Louis et celui de madame de Maintenon, on est frappé d'une ressemblance entre eux, qui, ce me semble, explique le crédit de l'une et le dévouement de l'autre. Tous deux avaient de l'esprit et de l'amour-propre, tous deux un désir insatiable de célébrité. Si madame de Maintenon avait eu de la pruderie, Louis n'était pas exempt d'une certaine morgue hautaine dans le commerce même le plus intime. Tous deux étaient jaloux d'inspirer la confiance, et tous deux étaient méfians par caractère. Pleins d'orgueil l'un et l'autre, la dignité de leur position les occupait plus que leurs sentimens. Si madame de Maintenon, au comble de la faveur, n'oublia jamais cette fierté, Louis ne la sacrifia à l'amour qu'une ou deux fois en sa vie; et ce fut avec un tel emportement, que l'on regarda ces démarches comme hors de son caractère. Tous deux enfin se rendirent malheureux au déclin de leurs jours, par une espèce d'ambition qui les égara. Louis fut aussi déraisonnable en voulant envahir l'Europe qui fut au moment de l'écraser, que madame de Maintenon en voulant posséder la main de son maître, en le pressant de déclarer son mariage; ce que jamais elle ne put obtenir, et d'où résulta sans doute un mécontentement mutuel.

Si l'idée que l'on se forme de Louis XIV est aussi grande que lui-même, on ne peut se défendre d'une sorte d'admiration pour la femme qui eut tant de pouvoir sur cette ame peu facile à dominer.

Le sentiment du roi doit jeter d'autant plus d'éclat sur madame de Maintenon, que cet abandon n'était pas aveugle; que, non-seulement il était le fruit de la réflexion et de l'étude du caractère de cette femme rare ; mais que Louis, entraîné par les qualités qu'il remarquait en elle, mettait cependant des limites à l'ascendant qu'il se plaisait à lui laisser prendre. Il affectait même une sorte d'orgueil dans les refus qu'il lui faisait quelquefois éprouver. Cette conduite venait de deux motifs : le roi voulait détruire par là le pouvoir absolu de madame de Maintenon ; et de plus, redoutant le crédit qu'elle usurpait, il cherchait à essayer ses forces contre elle, et s'exerçait de temps en temps à la résistance. Pour juger à quel point la faveur de madame de Maintenon était portée, il suffira de se rappeler l'anecdote suivante :

Une femme qui avait peu de fortune, voulant marier sa fille avec un jeune homme riche, dont la famille hésitait parce qu'elle ne trouvait pas le parti assez avantageux, imagina de se glisser dans l'antichambre de madame de Maintenon, vers la fin du dîner. Elle feignit de se trouver mal, demanda un verre d'eau, s'approcha de la fenêtre avec une serviette, y fit toutes les façons d'une femme qui sort de table ; on la vit ; on crut qu'elle avait été invitée à dîner. Le bruit s'en répandit. L'éclat de cette faveur détermina la famille du jeune homme ; le mariage fut conclu, et ce verre d'eau servit de dot à la mariée.

N'est-il pas aussi très-honorable pour madame de Maintenon, que Louis ne se trouvant plus assez fort contre elle, quand elle voulut exiger qu'il déclarât son mariage, ait senti le besoin d'appeler à son secours deux hommes de génie, Bossuet et Fénélon?

On vit ce roi puissant, plein d'orgueil et d'élévation, résister à toute l'Europe, et ne pouvoir résister à une femme. On vit tant d'éclat et de majesté, joint à tant de faiblesse. On vit la gloire intimidée venir se réfugier près de l'éloquence et de la vertu, pour se préserver de l'empire de la beauté.

Je ne m'étendrai pas davantage sur les détails de la vie de madame de Maintenon, trop connue de tout le monde. On sait qu'après la mort du roi, elle se retira à Saint-Cyr, et qu'elle s'éteignit à l'âge de quatre-vingts ans, sans terreurs, au milieu des jeunes élèves qui la regardaient toutes comme leur mère, et dans l'établissement utile qui doit faire révérer sa mémoire.

Ce ne fut pas seulement à la cour que les femmes exercèrent leur influence; tandis qu'elles agitaient Versailles, pendant que Louis XIV lui-même éprouvait leur influence, et devenait un exemple de leur pouvoir, à Paris, la société brillait par les talens et l'esprit que ce sexe montrait dans tous les rangs, dans toutes les classes.

Au même instant, madame de Sévigné écrivait des lettres charmantes; madame Dacier se rendait célèbre par la connaissance des langues de l'antiquité, par ses traductions; mesdames de la Fayette et de Scudéry, par leurs romans; madame de la Suze, par ses élégies; madame Deshoulières, par ses poésies; la marquise de Lambert faisait aimer la morale, déifiait l'amitié dans ses écrits; mesdames de Montpensier, de Longueville, de Caylus, de Motteville, écrivaient des mémoires pleins d'intérêt: enfin Ninon vivait pour le charme de son siècle, exerçait une influence égale par sa beauté sur les cœurs, par son amabilité sur les esprits, par sa probité sur les amis qu'elle s'attacha jusqu'à sa mort. A cette époque, où l'art et la nature, se succédant tour à tour, firent tant de grandes choses, où l'émulation générale semblait commander à chacun d'épuiser en quelque sorte toutes ses facultés pour arriver à la perfection, on peut mieux juger les femmes. Trop inférieures aux hommes, elles se seraient éclipsées; on les aurait vues s'effacer du tableau. Mais au contraire, fières du sentiment de leurs propres forces, elles ont voulu entrer en lice; et dans ce siècle, elles ont eu le grand mérite de s'illustrer sans sortir de leur rôle. Si jamais plus de grands hommes ne parurent que sous Louis XIV, jamais aussi l'on ne vit un plus grand nombre de femmes célèbres.

Turenne naît pour la gloire de son nom et de son pays: la France le perd! ..... La plume de madame de Sévigné jette des fleurs immortelles sur sa cendre. Jamais on ne cessera de lire la lettre éloquente qui raconte sa mort, et qui parle si dignement de ce grand homme. Enfin, jusque dans ses erreurs, madame de Sévigné prouve de quel poids ses jugemens pouvaient être. Il en coûte de rappeler que, par esprit de prévention, elle donna l'avantage à Pradon sur Racine, à Mascaron sur Fléchier. Ces hommes célèbres s'en affligèrent. Il s'établit une querelle de partis; madame de Sévigné fut le chef de la cabale opposée au génie. Dans la faiblesse qu'elle eut de risquer ainsi sa réputation et la gloire de son jugement, on reconnaît le défaut général de son sexe, qui sacrifie tout au désir de dominer, d'exercer sur tout son empire. Racine, Fléchier, étaient des colosses de gloire, contre lesquels l'amour-propre de madame de Sévigné crut devoir s'élever. Elle espéra recevoir quelque honneur d'une lutte qui ne fut qu'une tache dans sa vie. Il est fâcheux que l'on puisse craindre qu'elle ne fut pas même de bonne foi. En effet, est-ce la même femme qui nous enchante par des traits voisins du sublime, et qui ne sent pas Racine? Il y a dans ce rapprochement une incohérence d'idées, qui ferait croire qu'elle était secrètement d'un avis contraire à l'opinion qu'elle soutenait avec plus d'entêtement que de raison. Elle entraîna dans son injustice madame Deshoulières, qui se permit un sonnet injurieux contre Phèdre. Oublions toutes ces faiblesses, et ne voyons que le talent inimitable qui fit, d'une simple correspondance, une des lectures les plus attachantes, les plus variées, et par laquelle madame de Sévigné est parvenue à rendre son sentiment pour sa fille immortel dans les souvenirs, comme il était vif et profond dans son cœur.

Je m'arrête sur ce qui regarde madame de Sévigné. M. du Vauxcelles, écrivain non moins ingénieux qu'élégant, a publié récemment, sur ce sujet, des réflexions qui ne laissent plus rien à dire; et je doute que l'on puisse revenir sur cet éloge, sinon pour faire le sien.

En jetant un coup-d'œil rapide sur la galerie brillante des femmes de ce temps, on n'en voit pas une qui même ait tenté de rien créer dans aucun art. Mademoiselle Barbier fit quelques tragédies; mais elles sont restées dans l'oubli, et méritent à peine l'honneur d'être citées, quoique Fontenelle ait participé secrètement à ces faibles compositions. Cette remarque appuie l'opinion que j'ai déjà avancée dans un autre chapitre.

S'il appartenait aux femmes de créer des choses nouvelles, ç'aurait été sans doute à cette époque où tout venait tenter leur émulation. Elles ne sont nées que pour perfectionner, pour découvrir, dans les choses déjà conçues, des finesses, des nuances, que nous ne pouvons sans doute apercevoir. De-là, le charme de leurs écrits, en certains genres, où leur ambition doit s'arrêter. De-là leur avantage sur nous dans le style épistolaire, dans une classe de romans qui demandent plus de grâce, d'esprit et de finesse, que de force d'invention, tels que ceux de l'inimitable Riccoboni. Mais, chose extraordinaire, elles n'ont pas toujours un goût bien sûr. Ce qui pourrait faire croire que ce mérite tient plus à la science des principes, à la profonde méditation que nous enseigne l'art de les appliquer, qu'à un don naturel, à un heureux instinct, seuls guides habituels des femmes, mais trop incertains, pour ne pas les égarer quelquefois. Combien aussi leur talent inné de saisir les nuances, les rapports, les filiations secrètes de nos pensées, de nos goûts, de nos faiblesses, leur donne-t-il de supériorité sur nous! Nous ne régnons que par la force; elles gouvernent par l'effet de leur art et de leur persévérance. Nous ne cessons de les observer, sans les bien connaître; elles nous connaissent sans nous observer. Peut-être cette différence ne tient-elle qu'à celle de l'esclave, au maître. Rarement celui qui tient la chaîne connaît-il bien son captif: au contraire, celui-ci étudie constamment son gardien, et c'est de son instinct que naissent les lumières. Aussi voyons-nous les femmes nous deviner au premier coup-d'œil. De là, leur crédit en particulier, et leur influence en général. C'est ici l'instant de nous rappeler celle que Ninon exerça sous le règne de Louis XIV. Elle y brilla comme une plante gracieuse, dans un sol qui lui convient. L'éclat semblait son élément. Pour que Ninon fût bien entourée, il fallait que Turenne et Condé vinssent soupirer à ses pieds, que Voltaire prît auprès d'elle ses premières leçons; qu'en un mot, dans ce boudoir à jamais célèbre, on vît la gloire et le génie se jouer avec les grâces et l'amour.

Notre esprit s'est accoutumé trop facilement à l'idée de l'existence de Ninon. Une courtisanne avoir tant de poids dans la société! tant de considération dans le monde! Non seulement elle parvient à faire un besoin aux hommes célèbres, de quelque genre que ce fût, d'être admis chez elle; mais elle y reçoit des femmes, même des femmes de la cour. La sévère madame de Maintenon y passe sa première jeunesse; et dans quel moment! ce n'est plus le pays, l'époque où Phriné, Laïs, Aspasie régnaient dans une ville, dont les moeurs, les lois, les usages concouraient à leur célébrité: c'est au milieu d'un siècle où l'étiquette, les classes, les rangs étaient respectés plus que jamais ils ne l'ont été, où rien n'était confondu; qu'une simple courtisanne devient l'amie des femmes les plus distinguées par leur nom et leur rang. Tel était l'esprit que le monarque avait fait germer dans tous les états. Mais il en existait un plus puissant que la volonté du roi, et auquel il fut soumis lui-même : c'est celui que les femmes répandirent, qui sembla commander à tout le monde d'être aimable, à l'esprit de briller, à l'amour de séduire. Ce fut cet ordre général de chercher à plaire contre lequel personne ne murmura, hors ceux qui sentirent l'impuissance de l'exécuter. Tout servait ces idées d'amabilité, d'atticisme que le beau sexe mettait en valeur, et dont Ninon, comme chef de secte, était à la fois l'auteur et l'exemple. Après une paix brillante, pendant le repos de Louis et de la victoire, il fallait qu'à la ville, à la cour, le calme même et les plaisirs empruntassent quelque chose de la gloire du monarque. Voilà le véritable secret de l'influence de Ninon. Tant que la cour fut galante, elle ne rendit Paris que l'émule de Versailles ; mais lorsque l'empire de madame de Maintenon s'établit, que l'âge et les chagrins du roi déployèrent autour de lui l'esprit de rigorisme et de pédanterie, jetèrent sur les dernières années de son règne

règne une teinte sombre, un voile de tristesse et d'austérité. Ninon redoubla de soins, d'esprit et de grâces pour empêcher la capitale de suivre la triste impulsion que madame de Maintenon venait de donner à la cour. Elle devint sa rivale, son antagoniste, et par quelques traits malins lancés de temps en temps, se servit de l'arme du ridicule, pour venger l'amabilité méconnue, la volupté calomniée.

Madame de Maintenon résista. Chacun eut ses prosélytes. La rue des Tournelles (*) lutta contre Saint-Cyr. Les mœurs incertaines flottèrent entre ces deux systèmes établis par des femmes.

En un mot, on peut dire que sous Louis XIV elles eurent un empire continuel. Pendant les belles années du monarque, elles regnèrent sur les cœurs; et vers le déclin de ses jours, elles gouvernèrent les ames.

On voudrait oublier les femmes à l'époque de la régence; je ne dirai qu'un mot de leur conduite; peut-être n'est-il point d'ins-

(*) Où demeurait Ninon.

tans où les mœurs aient été aussi corrompues. Les orgies du régent ne sont que trop connues. « Dès cinq heures du soir, dit S.-
» Simon, il n'était plus question d'affaires.
» Rassemblant ce qu'il appelait ses *roués*,
» le régent y joignait des femmes mal fa-
» mées, et la duchesse de Berry, sa fille.
» Les gens les plus obscurs étaient admis,
» pourvu qu'ils eussent de l'esprit, et un
» certain raffinement de débauche. Pendant
» ces soupers, la porte était tellement bar-
» ricadée, que, pour l'affaire la plus pres-
» sée, intéressât-elle la personne du régent
» ou l'État, on n'arrivait point jusqu'à lui. »
Son exemple n'était que trop imité dans les classes inférieures, et c'est ainsi que la dépravation des mœurs de ce moment préparait celle du siècle suivant.

SIÉCLE DE LOUIS XV.

Sous le règne de Louis XV, un des plus calmes de la monarchie, les femmes, effacées et confondues par la nullité des événemens, aimèrent, furent aimées, parce que tel est toujours le sort des deux sexes; mais elles n'eurent aucune occasion d'éclat. Une société plongée dans la mollesse, l'opulence et la corruption; une cour où toutes les petites intrigues n'avaient pour but quelques places peu importantes à obtenir ou à conserver; un pouvoir aussi peu respecté que peu disputé; une religion perdant son crédit par la conduite de quelques-uns de ses ministres; les lettres tombant en décadence; une galanterie dégénérée, qui avait amené l'insouciance de plaire, au point de faire tomber la fatuité par le peu de cas que l'on faisait des femmes; en un mot, un repos, une stagnation générale qui, grâce à la facilité des jouissances, remplaçait le bonheur par l'ennui, les désirs par la satiété;

telle était la situation des esprits ; et l'on conviendra que, dans cet état de choses, les femmes n'ayant rien à acquérir, rien à perdre, n'étant contentes ni mécontentes de leur sort, devaient renoncer, par le fait, à des succès autres que les hommages passagers offerts à leur jeunesse, à leur beauté, et peut-être moins à l'honneur d'une victoire difficile et rare, qu'à la certitude d'un succès trop rapide, pour être apprécié.

Sous Louis XIV, on avait presque déifié l'amour. Dans l'impossibilité de ramener les premières institutions chevaleresques, on chercha du moins à leur substituer une élégance de mœurs, une galanterie raffinée qui, portant cependant sur des bases trop fragiles, dut finir avec un monarque dont la présence seule faisait tout valoir. Sous Louis XV, au contraire, la tendance des esprits tournait vers l'altération des principes sur les choses les plus essentielles, comme sur les plus futiles. L'attrait ne fut plus que du désir ; la galanterie, du libertinage. Les choses ne sont souvent que ce qu'elles paraissent.

Louis XIV n'existant plus, le trône, si j'ose parler ainsi, sembla se rétrécir. Tout s'amoindrit à la ville et à la cour. La nature parut se soumettre à cette influence générale : elle ne produisit rien de grand ; tout, par le fait et par la comparaison, prit le cachet d'un siècle intermédiaire. On eût dit que chacun, par un pouvoir irrésistible, se résignait à cette volonté du sort qui diminuait tout. On voulut aider encore, par les formes et les usages, à ternir tout éclat, à détruire tout prestige, surtout vers la fin de son règne ; le monarque ne fut plus qu'un roi presqu'ignoré ; les grands seigneurs, de simples courtisans ; les grandes dames, des particulières ; les grandes charges, de simples places lucratives ; la faveur de la cour, une préférence de caprice ; les faveurs des femmes, des succès sans valeur.

Les nouveaux philosophes et les libertins, les courtisans et les novateurs, marchèrent au même but, conjurèrent ensemble sans s'en douter ; on déprécia la puissance, et l'on détrôna l'amour (*). Pendant

(*) On se moqua des grandes passions ; on rougit

le crédit de madame de Pompadour, la dignité se soutint encore. Une reste de politesse et de galanterie laissa aux femmes un peu d'existence ; mais on leur rendit, plus par l'impulsion d'une ancienne habitude, que par un sentiment et par un principe de déférence, des hommages qui semblaient moins s'adresser à la beauté, qu'aux souvenirs de son ancien empire. Suivons la gradation du sort des femmes dans le cours de la monarchie française. Déifiées par la chevalerie sous François I.er ; honorées sous Louis XIV par la galanterie ; sous Louis XV, la politesse les respecta ; sous Louis XVI, l'insouciance philosophique les oublia.

Louis XV, dans sa jeunesse, joignant à une figure charmante un grand attrait pour les femmes, une galanterie et une politesse naturelles, dont il conserva des traces, même dans sa vieillesse, pouvait faire croire que, sous son règne, le beau sexe aurait une place plus digne de lui. Mais le monarque se laissa influencer par l'esprit de son

---

de la sensibilité. La plus grande preuve de démoralisation est le désir de tourner l'amour en ridicule.

siècle, quand il devait l'influencer lui-même. La capitale donna le ton à la cour, au lieu de le recevoir d'elle, comme sous Louis XIV.

D'ailleurs, si Louis XV fût arrivé immédiatement après l'époque à laquelle les femmes avaient joui d'une si brillante existence, peut-être l'eussent-elles perpétuée. Mais, par la couleur austère qui se répandit sur les dernières années de Louis XIV, par cette aigre pédanterie que madame de Maintenon établit à la cour, il y eut pour l'amour, les femmes et les plaisirs, une espèce d'interrègne. Ninon, seule, soutint le sceptre de son sexe pendant quelque temps; mais à sa mort, il se brisa. Louis XV en replaça les débris dans les mains de ses premières maîtresses; aucune d'elles n'eut l'esprit, le talent et l'énergie de les réunir; enfin, on peut dire qu'ils s'anéantirent entre les mains de madame Duba...., dernière maîtresse de Louis XV, à qui ce choix, peu digne de lui, donna plus de torts que de jouissances, plus d'humiliation que de bonheur. Louis XV n'arriva qu'insensiblement à ce dernier degré d'oubli de lui-même. Le genre, et le plus ou moins de dignité de ses maîtresses, parurent suivre la corruption des mœurs et l'avilissement de l'autorité. Les premières maîtresses de ce monarque étaient trop près du siècle de Louis XIV, pour n'avoir pas conservé quelque teinte de grandeur et d'élévation. Elles laissèrent à ce monarque l'éclat dont il était encore susceptible, et par son caractère, et par l'esprit du moment. On voit madame de Chateauroux, aimant le roi pour lui-même, l'avertir qu'il oubliait sa gloire à ses pieds; et malgré la passion vive qu'elle ressentait pour lui, s'arracher de ses bras, et le forcer d'aller avec Maurice de Saxe cueillir les palmes de Fontenoy. Plusieurs autres femmes, que l'on pourrait citer encore, surent mêler le respect à leur tendresse pour ce prince, et profitèrent de leur crédit, sans se jouer de la puissance.

A cette époque, quelques novateurs, prenant à tort le nom de philosophes, redoublaient leurs secrètes menées. Ils ne cachaient même plus leurs projets d'anéantir tout prestige, de réduire tout au simple.

Leurs desseins, long-temps secrets, éclatèrent par la faiblesse du gouvernement, et par la force que leurs discours et leurs écrits acquéraient. Tout se tenait dans ce nouveau système, même les choses qui semblaient avoir le moins de rapport entre elles. On attaquait à la fois la majesté du souverain et les douces illusions de l'amour. Une ligue, sous le prétexte de vues économiques, s'attachait à délustrer le trône, à le dépouiller d'un éclat si nécessaire. . . . Le niveau à la main, les sectaires commencèrent à tout oser. Ils enseignèrent à s'approcher avec moins de respect des souverains; avec une vénération moins tendre, des femmes. Versailles, par son peu de dignité, par l'oubli de la magnificence et de l'étiquette, aidait les novateurs, qui voyaient avec plaisir le roi quitter lui-même une partie de la pompe que leurs écrits voulaient lui ravir; et dans le même moment, le libertinage, la licence, le désouci de l'opinion, ne laissant à l'amour que son nom, détruisaient son empire. La société, par ses mœurs, présentait un contraste frappant avec celles du siècle dernier. La familiarité se mit insensiblement à la place de la galanterie. Le principe en faveur établissait que tout était à peu près égal : les femmes trouvèrent commode de l'adopter. Comme elles mirent moins de prix à leurs faveurs, les hommes employèrent moins de soins pour les obtenir. Cacher ses faiblesses devint presque un ridicule.

Dans le commencement du règne de Louis XV, les grands parens, tenant aux anciens principes, en imposaient encore aux jeunes femmes. De là vint, pour tromper la surveillance, l'idée et l'usage de ce qu'on appela les *Petites-Maisons*. Ces endroits mystérieux étaient placés dans des faubourgs éloignés. Les dames montaient dans la voiture grise, équipage simple et qui n'attirait point les regards. Elles arrivaient secrètement dans ces *Petites-Maisons*, qui appartenaient à leurs amans. Là, toute pudeur était oubliée ; la licence y régnait encore plus que la volupté : cependant les mêmes femmes, sortant de l'asile du désordre, reprenaient à la porte un maintien composé, et même une sorte de pruderie qui tenait à la morale du temps.

Voilà pourquoi il régnait encore, au sein de la corruption, un ton décent, une mesure toujours suivie dans les propos, dans le maintien : les femmes perpétuaient dans la société ce bon goût, cette régularité apparente, qui en imposaient au public; et dans le temps où l'on offensait le plus les mœurs, on choquait le moins les regards (*).

Aussi une jeune femme passait-elle plusieurs années sans recevoir d'hommes chez elle. Jamais elle n'allait en petite loge au spectacle, jamais elle ne sortait qu'avec la plus grande étiquette; en un mot, le décorum était observé; mais il restait les Petites-Maisons.

Je me rapelle une anecdote relative à ces Petites-Maisons. Peut-être pourra-t-elle donner au lecteur une idée des mœurs du

---

(*) Certes, la perfection serait d'unir une conduite décente à des mœurs pures. Mais comme on ne doit compte qu'à sa conscience et à sa famille de ce que l'on fait chez soi, peut-être le scandale est-il le plus grand mal que l'on puisse faire à la morale publique. *La Rochefoucault* a dit que *l'hypocrisie était un hommage que le vice rendait à la vertu.*

temps, et de l'opposition de la province à la capitale.

LA PETITE MAISON

Anecdote.

M. de N....., gentil-homme de province, ayant une grâce à solliciter, partit du fond de son château pour venir à Paris. C'était un de ces campagnards, peu au fait des usages de la ville et de la cour. Il avait beaucoup de bonhomie, une grande considération pour les grands seigneurs, et l'excellent esprit de vivre toujours chez lui, jusqu'au moment où une affaire au Conseil l'attira à Paris et à Versailles. Sa femme, jeune, jolie, un peu dépourvue d'esprit, mais non de coquetterie, enfin l'ornement du Limousin, ne manqua pas de saisir une occasion aussi favorable de voir Paris. Il fallait obtenir de son mari de le suivre. Une parisienne aurait employé de la grâce, de la finesse; madame de N..... employa tout simplement cet instinct d'adresse qui fait connaître aux femmes le faible de leur mari, en Limousin, comme à Paris. Voilà donc le voyage décidé. — C'était un grand événement dans le château que ce départ; depuis la bataille de Lawfeld, où M. de N..... avait été blessé, ce qui lui avait valu la croix et une pension de retraite qu'on ne lui payait guère, il n'était pas sorti de son château. Il fallut faire des emplettes; on envoya à la ville. La nouvelle s'était répandue; déjà madame de N..... en avait acquis plus de consistance dans les assemblées de la petite ville voisine. Au fait, elle allait à Paris, à Versailles; peut-être pourrait-elle voir le roi, une fois..... On ne parlait, depuis deux jours, que du départ de M. de N..... et de sa femme.

L'embarrassant était de savoir comment se mettre à Paris. M. et madame de B....., qui avaient fait un voyage, en 1766, à Versailles, et qui ne manquaient jamais de le rappeler, furent écoutés comme des oracles. L'habit noir fut arrêté pour le mari; on acheta deux aunes de rubans de Saint-Louis bien neuf et bien moiré; on rendit presque blanc un plumet devenu jaune, qu'on rajusta sur le chapeau de Monsieur. L'ancienne épée uniforme fut remise à neuf..... Quant à Madame, il fut convenu que les modes ne s'achèteraient qu'à Paris.

Jean, le domestique, devenait un sujet d'inquiétude ; il fallait l'habiller..... M. de N.... ne se doutant pas qu'il voyagerait, avait donné une ancienne livrée à la Ramée, son garde-chasse, qui était toujours près de son banc à l'église, les jours de grandes fêtes. Il fallut enlever ce vieux dépôt à la Ramée, en l'assurant qu'on ne faisait que l'emprunter. La Ramée furieux obéit ; mais il jura qu'un des quatre lièvres qui étaient sur les terres de son maître serait tué et mis à son croc ; ce qui fut exécuté... Voilà donc Jean affublé de la livrée. Comme la Ramée était plus grand que lui, l'habit venait à la moitié des jambes de Jean. Le fermier prêta ses chevaux et sa carriole pour mener les voyageurs jusqu'à la ville où l'on prit la diligence.

Le voyage n'eut rien d'important. Nous allons donc suivre M. et madame de N.... à leur arrivée à Paris. Comme on leur avait fait redouter la cherté des beaux hôtels garnis, ils descendirent tout simplement dans une auberge du faubourg Saint-Marceau, *à la Belle Image*. Au troisième, au bout d'un corridor noir, était une chambre à deux lits de drap jadis vert, ornés de rubans tortillés en jaune; ce fut là que Jean déposa le bagage de ses maîtres.

M. de N.... était un peu ridicule : à une grande taille peu avantageuse, il joignait un gros ventre, un air capable que sa stature rendait plus risible qu'imposant. Il avait beaucoup d'accent limousin, peu d'esprit, la voix rauque. De plus, comme un coup de biscayen lui avait raccourci une jambe, un talon de bois énorme, relevant son soulier, venait suppléer à ce qui manquait. Ajoutez-y peu d'usage, mais pourtant plus que sa femme; ce qui lui faisait craindre que le langage, les expressions de la dame ne la fissent trop reconnaître pour une provinciale; et pour cela, il l'engageait à parler peu. Elle était soumise; mais, pour son malheur, le lendemain de son arrivée ils allèrent à l'Opéra.

On donnait Castor et Pollux. Le mari et la femme étaient placés aux troisièmes loges. Madame de N. . . . n'osait pas respirer; les yeux fixés sur le théâtre, et droite comme un piquet, elle ne tournait pas la tête... Tout à coup la toile se lève, ses yeux sont éblouis; et, dans son transport, elle s'écrie : Ah ! mon ami, *comme v'la qu'est!...* M. de N. . . . honteux de cette exclamation triviale, répond avec humeur et dignité : *Eh bien! madame, v'la qu'est, comme v'la qu'est!*

On juge de la joie, des moqueries de tout le reste de la loge; on rit aux éclats; M. de N. . . . se désole, sa femme rougit; tout ce bruit attire les regards de la loge voisine. Par hasard elle appartenait au duc de. . . . Il était avec madame de. . . . qu'il venait de quitter pour prendre la baronne de. . . ., et trouvait piquant, pour tourmenter la nouvelle, d'avoir l'air de rendre des soins à la délaissée. D'ailleurs, cela déroutait les soupçons de sa femme, qui lui avait fait une scène d'amour-propre le matin, et qui cependant était à l'Opéra vis-àvis de lui avec le marquis de. . . . , jeune fat qu'elle ne voyait pas sans intérêt.

Le duc n'avait d'abord fait que rire du *v'la qu'est* de la provinciale ; mais, par hasard, il se met à la lorgner. Il la trouve charmante ; tout au travers de la tenue ridicule de madame de N.... il découvre de la fraîcheur, des yeux noirs, une taille, de belles dents. Enfin le voilà tenté. . . . Il descend, appelle son coureur Landry, l'homme le plus adroit, le plus actif. — « Landry, dit-» il, tu ne me suivras pas. Je te recomman-» de une petite provinciale aux troisièmes, » n.° 9. . . . . . Elle est avec un homme de » cinquante ans, qui a l'air d'être son mari. » Tu m'entends : ce soir, à mon coucher, » des détails ; dix louis pour toi, si tu ne » fais pas de gaucheries. . . . » Cela voulait dire : où demeure-t-elle ? son nom ? que vient-elle faire à Paris ? y a-t-elle accès ? quelque femme de chambre à gagner ? ne peut-on pas tenter les bonnes gens par l'espoir du crédit ? . . . . Landry répond : *M. le duc sera content*. . . . Cela veut dire qu'il aura le soir réponse à tout. Le soir, en effet, il était instruit. L'adroit Landry avait suivi le fiacre à la sortie de l'Opéra, et pendant que M. et madame de N. . . . . se déshabillaient, le coureur buvait déjà dans l'auberge avec Jean qu'il régalait. Se figure-t-on Landry couvert d'or, ayant un bonnet brillant des armes de son maître, et sur sa canne une grosse pomme d'argent qui aurait fait la fortune de Jean ? Ce Landry, affectant des airs de grand seigneur, était à table avec le nigaud qui, assis sur le coin d'un tabouret, osait à peine le regarder. Le coureur n'épargnait ni le vin ni les liqueurs, et lui donnait un souper exquis que son maître aurait envié. Jean, ouvrant de grands yeux, boit, se rassure, ne cesse de jaser. Bientôt Landry, assez instruit, se lève de table, paie magnifiquement, laisse encore un louis dans la main de Jean, et disparaît comme un éclair.

J'ai fait grâce au lecteur du sermon que M. de N..... fit à sa femme sur l'exclamation de l'Opéra. Elle promit bien de ne plus parler, de peur de dire des sottises. Laissons-les se coucher, et retournons chez le duc.

« Sais-tu que tu es parfait, dit-il à Landry, qui venait d'arriver ? Je crois que » je te vole en ne te donnant que dix » louis..... Les voilà. — M. le duc est trop » bon. — Tu dis donc que M. de N..... » vient pour solliciter, et qu'il a un procès » au Conseil. Eh bien ! cours chez le mar- » quis. Il a des terres en Limousin. Dis-lui » qu'il faut qu'il m'écrive pour me recom- » mander M. de N..... — Mais, Monsieur, » il n'a jamais été en Limousin. — Parbleu ! » je le crois bien : que veux-tu qu'il fasse » là ?.... — Monsieur, il aurait su du moins, » en y allant, qu'il avait une petite terre » de deux mille écus de rente, que son » intendant touchait toujours, sans lui en » rien dire. Depuis qu'il avait eu ce grand » héritage, il n'a su que cette terre était » à lui, qu'à la mort de l'intendant..... — » Ah ! c'est drôle. Je parie que mon coquin » d'homme d'affaire m'en fait autant en » Périgord. — C'est possible, Monsieur. » Comme il voudra. J'aime mieux le croire, » que d'y aller voir ; mais tout cela ne fait » rien à ma petite provinciale..... Écoute,

» dis au marquis qu'il ajoute qu'elle est sa
» parente..... C'est un si drôle de corps
» que ce marquis ! cela le divertira... Il est
» tard ; s'il est couché, fais-le éveiller. Je
» veux avoir ma lettre demain matin. »
Landry part ; il arrive chez le marquis de....
qui allait s'endormir..... « Monsieur, de la
» part de M. le duc de..... — Que diable
» me veut-il à cette heure-ci ? J'ai de l'hu-
» meur ; j'ai perdu mon argent ce soir,
» je veux dormir. » Landry hardiment
s'avance, en dépit de la défense ; il explique
le sujet de son ambassade. Malgré son cha-
grin, le marquis rit, et demande son écri-
toire. « Parbleu, dit-il à Landry, ton maître
» sera content. Je vais lui recommander
» ma parente inconnue ; j'en ferais ma nièce
» au besoin. Dis donc ; est-elle bien gauche,
» la petite provinciale ?.... — Assez, Mon-
» sieur. — Tiens, voilà la lettre. Dis à ton
» maître que, pour dérouter, s'il a besoin
» de ma petite maison rue de Charonne,
» j'irai, moi, dans la rue Popincourt.
» Encore un mot. N'est-ce pas ta cousine
» que tu m'as recommandée pour le magasin

» de l'Opéra? — Oui, monsieur le marquis.
» — J'ai déjà parlé aux Menus-Plaisirs,
» à D. C'est arrangé. Tu me l'enverras
» un matin, ta cousine. Je parie d'avance
» pour elle, contre la petite provinciale
» du duc. Ma foi, monsieur le marquis....,
» ma cousine est très-bien. J'offre mon
» respect à monsieur. » — Landry retourne
chez son maître.

J'ai dit que la duchesse était en coquetterie réglée avec le marquis. Jalouse par amour-propre de son mari, très-occupée du marquis auquel elle résistait, voilà la situation de la duchesse. Elle avait des ménagemens à garder. Le duc n'aimait pas le marquis, parce que l'hiver d'avant il lui avait enlevé la petite Rose, jeune danseuse de l'Opéra, qui débutait...... La duchesse était combattue; mais il ne fallait qu'une occasion; elle était difficile à trouver. Les femmes recevaient toujours avec une étiquette peu favorable à l'amour. On devine d'avance le moyen qui fut employé. Une petite maison lève bien des difficultés. Le marquis ne voulut pas prendre la sienne, pour des raisons à lui connues ; mais il s'arrangea avec le concierge d'une autre. Vingt-cinq louis faisaient de ces traités-là à la journée.

Le marquis aurait bien voulu avancer l'heureux rendez-vous ; mais il fallait accepter les conditions du concierge. L'instant fut reculé à huit mortels jours.

Maintenant que nous savons le sort présent et à venir de la duchesse qui s'endormit dans la douce agitation de sa position, voyons ce qui se passait au lever du duc. C'était un coup-d'œil curieux que sa matinée : la foule des créanciers dans la première antichambre ; les porteurs des billets du matin dans la seconde ; dans le salon, les protégés, les officiers en semestre, quelques maris de province, dont on avait soigné les femmes en garnison, titre pour obtenir qu'on sollicitât faveur et grâce pour eux ; un vieux aumônier du régiment qui demandait sa retraite. A côté de lui un jeune abbé de Paris, qui apportait une romance de sa composition. La cousine de Landry, qui, avant d'aller au magasin de l'Opéra et chez le marquis, venait faire sa cour au maître de son cousin, était assise près de l'aumônier, et celui-ci la prenait pour une dame; un parent de province causait près d'elle. Plus loin, on voyait un homme à projets avec des plans; un peintre en miniature qui demandait séance, et amenait le bijoutier pour prendre la mesure du secret d'un souvenir; un maître d'anglais, un maître d'italien dans le cabinet de toilette, le tailleur, le bottier, le sellier, le marchand de chevaux, un petit chirurgien et un homme qui apportait un chien de femme..... Qu'est-ce qui eut audience le premier? Landry que les valets-de-chambre avaient ordre de faire entrer. Voilà le billet que son maître lui remit pour madame de N.....

« Le duc de.... fait mille complimens » à M. de N..... La lettre ci-jointe lui » prouvera l'intérêt qu'il doit prendre à » lui, par celui que lui témoigne le mar- » quis de.... Le duc.... offre à M. de N.... » tous ses moyens auprès des ministres. S'il » le désire même, il le menera demain à » Versailles; et, en le présentant à ceux de

» qui son procès dépend, il les assurera de
» toute la bienveillance que *sa maison aura*
» *toujours pour la famille de M. de N....* »

« Surtout, dit le duc à Landry, sois habillé d'une manière encore plus brillante qu'à l'ordinaire. Cours, remets ce billet adroitement devant madame de N...., frappe-la par ton maintien et ta magnificence..... Le mari répondra : pendant le temps qu'il sera à écrire, tu t'approcheras de sa femme, tu lui diras que je l'ai vue à l'Opéra, qu'elle me ravit, m'enchante; que je prends ce prétexte pour me rapprocher d'elle; que cependant elle gagnera son procès, cela est sûr.....; et que si demain, elle ne veut pas sortir le matin, avant que de partir pour Versailles, je la verrai un moment. Surtout qu'elle n'en parle pas à son mari. »

Landry reçoit l'ordre, prend le billet et disparaît.

Qu'est-ce qui eut la seconde audience? L'homme au petit chien..... C'était important. Madame de..... avait dit la veille, devant le duc, qu'elle avait perdu le sien, et et qu'elle en cherchait un. L'envoyer le lendemain était indispensable; ce sont de ces attentions auxquelles on ne manque pas. Un rentier, à qui le duc devait des années d'arrérage, avait donné deux louis au premier valet-de-chambre pour entrer : il se montre en ce moment à une petite porte ; ce valet-de-chambre lui-même fait semblant de le renvoyer ; il insiste, entre humblement..... « Eh bien! mon cher, lui dit le duc, tou-» jours vos mêmes idées! vous voulez que » je vous paie ; vous êtes en pleine illusion ; » je n'ai pas un sou. — Cependant, M. le » duc, dit le rentier..... — Voilà une rai-» son, répond le duc, mais..... » La porte du salon s'ouvre avec fracas.... C'est le chevalier qui entre. — « Eh! bon jour, mon » cher. Je viens te chercher pour jouer à la » paume. Nous ferons une partie énorme! » — Je le veux bien, reprend le duc. A pro-» pos, je te dois cinq cents louis d'hier au » soir, du trente et quarante. Tiens, voilà » un billet sur mon banquier.—Mais, M. le » duc, reprend le rentier, vous m'aviez » fait l'honneur de me dire que vous n'aviez

» pas d'argent. — Sans doute, mon ami,
» Dette du jeu : cela se paie dans les vingt-
» quatre heures. Cet argent n'est pas à
» moi. — Je croyais cependant, M. le duc...
» — Ah ! vous croyez !...... Adieu, mon
» cher, adieu. Vous ne savez pas un mot
» de toutes ces nuances-là, vous autres. —
» Quand pourrai-je revenir, M. le duc ? —
» Mais, dans six mois, un an, quand vous
» voudrez. Toujours disposé de même à
» vous obliger. — Je compte sur les bontés
» de M. le duc. » Le rentier sort. « Est-ce
» que tu vas voir tout ce monde qui est dans
» ton salon, dit le chevalier ? Il est midi,
» je t'en avertis ; partons. — Dis-moi, che-
» valier, qu'est-ce qui est là-dedans. — Beau-
» coup de monde. — Mais as-tu vu quel-
» qu'un dans tout cela ? — Ma foi, non ;
» c'est une foule d'ennuyeux. — Eh bien !
» sortons par la petite porte. Ta voiture....
» Demande-là... — Viens, j'ai toujours des
» chevaux mis ; c'est mon usage. Les valets
» sont si longs ! Holà ! quelqu'un. On dira
» là-dedans que je suis au désespoir, que
» je suis incommodé, que je ne puis voir
» personne. » Ils sortent.

Cependant chacun s'impatientait dans le salon ; car le premier valet-de-chambre, qui donnait un déjeuner à l'entresol, dans un appartement que son maître ne connaissait pas, mais qu'il aurait pu habiter, oublia complétement ceux qui attendaient, et ne dit qu'à deux heures qu'il ne recevrait pas.

Tout le monde étant sorti de chez le duc, nous allons en sortir aussi pour suivre Landry chez M. de N. . . . Un perruquier tenait notre provincial dans un coin de la chambre, pendant qu'une coiffeuse couvrait de papillotes la tête de sa femme. On voyait sur une table les débris d'une croûte au pot, déjeuner peu romanesque, mais solide. Tout-à-coup Landry, annoncé par Jean, parut dans la chambre. Cet habit de coureur, chamarré d'or et de franges, ce bonnet étincelant de paillettes, cet air d'assurance, tout cela fit un effet prodigieux ; l'époux et l'épouse se levèrent. Mais quand le messager eut dit qu'il venait de la part du duc, et que l'on eut lu la lettre, la tête pensa tourner au ménage voyageur.

« Monsieur, dit Landry, j'attends une » prompte réponse. — Réponds, mon cœur, » dit madame de N... Dans l'instant, ma » bonne, répond l'époux. » On avait bien prié Landry de s'asseoir; mais il savait mieux ce qu'il devait à M. de N... que lui-même; d'ailleurs, il avait sa commission à faire. Il la remplit en secret, avec toute l'intelligence dont il était capable, en remettant un joli billet à madame de N... Elle rougit, d'amour-propre d'abord, de pudeur ensuite. Landry prit la réponse que M. de N.... cacheta avec un grand cachet d'argent qu'il tenait de ses ancêtres, et qu'il tira avec soin et pompe d'un vieux étui de chagrin noir. Tout cela fini, Landry les quitta. Il est inutile de rappeler ici les réflexions de nos provinciaux. M. de N... avait beau se creuser la tête, il ne concevait pas comment il était parent du marquis de.... « Comme nous » sommes très-anciens, disait-il à sa fem- » me, peut-être il y aura eu quelqu'alliance » par les femmes, qui échappe à ma mé- » moire. Je donnerais beaucoup pour avoir » là mes titres; nous les consulterons à

» mon retour. Remarque, ma bonne, que » M. le marquis prétend que son aïeul a » bien voulu porter huit jours le deuil de » mon grand père, c'est d'autant plus d'hon- » neur pour nous, qu'il faut que le degré » soit proche, qu'il y ait consanguinité. . . » Quoique madame de N. . . fût très-vaine, elle songeait encore plus à la visite du duc, qu'à la parenté du marquis ; et comme elle réfléchissait profondément aux moyens qu'il prendrait pour la trouver seule, son époux la voyant si occupée, et croyant qu'elle parcourait en pensée sa généalogie, lui dit : « Ne te fatigue pas, ma reine, à chercher » cette alliance ; une fois dans mon château, » cela sera découvert tout de suite, et mes » archives sont si en règle, que je mettrai » le doigt dessus. » Si M. de N. . . avait su l'espèce d'alliance que sa femme cherchait, il la lui aurait sans doute encore plus défendue. Le lendemain, dès le matin, Landry accourut, pour dire qu'une voiture viendrait prendre M. de N... à dix heures..., parce qu'il fallait être à Versailles, à la messe du roi, et à l'audience des ministres.

« Pour ce voyage-ci, mandait le duc, ma-
» dame de N... n'en serait pas; il ne s'a-
» gissait que d'affaires; les plaisirs seuls
» doivent l'appeler. Ils quitteront Versail-
» les de bonne heure, et ils se retrouveront
» avec M. de N..., à la comédie Françai-
» se, dans la loge du duc. » Voilà M. de N....
qui se prépare. Dix heures sonnent. On entend beaucoup de bruit dans la cour; c'est la voiture du duc. M. de N... embrasse sa femme. Elle va, dit-elle, pendant son absence, aller entendre la messe, de là faire un tour; puis dînera, et puis fera sa toilette pour attendre ces messieurs. M. de N.... monte dans une diligence élégante, qui l'enlève aussi vite que le vent.... Mais le duc était déjà parti de chez lui, attendant au coin d'une rue que Landry, qui guette, vînt l'avertir, quand M. de N.... serait passé dans sa voiture. Landry accourt, lui porte le signal, et bientôt le duc arrive à la Belle Image.

Le tête-à-tête fut ce qu'il devait être; embarras d'un côté, galanterie de l'autre. Le duc était aimable, d'une figure charmante; l'éclat de ses habits, le brillant de ses manières, de son langage; son rang, son nom, tout en imposa, tout charma madame de N. . ., qui songeait beaucoup plus à admirer, qu'à se sauver de la séduction. On prétend que le duc, qui avait l'habitude de ne pas laisser traîner ses succès, aurait réussi, dès ce jour-là même; mais il était trop ami de ses illusions, pour les détruire aussi vite. C'est une recherche voluptueuse, d'inventer des obstacles, lorsque l'on n'en trouve point. Le duc se contenta d'assurer sa conquête pour l'occasion qu'il méditait; et, après avoir oublié un bouquet de roses avec lequel il était entré, il quitta la jolie provinciale, éblouie, enchantée, séduite. Il retourna chez lui, où M. de N. . . l'attendait depuis trois quarts d'heure. . . .

« Quoi! M. vous êtes ici, lui dit-il? Je » sors de chez vous; avez-vous rien vu de » plus gauche que mes gens? Vous deviez » bien penser que j'irais vous chercher moi- » même, et ils vont vous prendre sans moi, » avec une impolitesse impardonnable! » Pardon, mille fois pardon, monsieur,

» de ce manque d'égards involontaire. Mon » coureur est si bête ! Je vois qu'il a fait ma » commission tout de travers. » — M. de N... se confondait lui-même en complimens, et n'avait pas le temps de placer un mot. . . . « Heureusement, poursuit le duc, ne vous » trouvant pas chez vous, j'ai au moins fait » ma cour un moment à madame de N...., » qui pourrait vous dire si j'ai été fâché de » ne pas vous rencontrer. Mais il est tard ; » partons. Il faut arriver avant midi, à Ver- » sailles. » Trois chevaux, menés par le postillon le plus leste, les menèrent en moins d'une heure. Je les y laisse, pour retrouver la duchesse. Sachons ce que préparait le marquis, pour en triompher.

On se ressouvient qu'il ne voulut pas se servir de sa petite maison ; mais pourquoi choisir justement celle du duc, pour y conduire sa femme ? Ce fut peut-être un trait de malice, dont il était capable de jouir, mieux que personne. Quoi qu'il en soit, c'était avec le fameux Nivel, l'homme de confiance du duc, qu'il avait conclu son marché. Nivel ne s'informait pas de ceux qu'on devait amener dans la maison, pourvu qu'on le payât bien. Toucher l'argent, fermer les yeux et mettre du mystère, voilà ce qui l'occupait; d'ailleurs, comme les belles arrivaient presque toujours voilées, lui-même souvent n'était pas dans le secret.

Il avait donné ce terme de huit jours, parce qu'il savait qu'il devait y avoir un voyage de Fontainebleau, et que le duc en était. En homme qui sait profiter du temps, il avait donc loué toute la maison pour une soirée, à l'amant de la duchesse, et un petit pavillon du jardin à une autre personne, pour le même soir. Comme on entrait dans ce pavillon par une petite porte séparée qui donnait dans une autre rue, tout pouvait très-bien s'arranger, en doublant ses profits. Les huit jours s'écoulèrent, pendant lesquels le duc mena souvent madame de N.... au spectacle, et son mari chez les ministres, dans les bureaux, en le recommandant, avec cet intérêt qui, lorsqu'il n'est qu'à la seconde personne, n'avance rien. Cependant le duc s'impatientait; il ne trouvait pas un moment pour être seul avec sa belle provinciale. Jusque-là son époux toujours présent, sans le faire exprès, ne leur laissait pas une minute de liberté. Le duc se trouvait la dupe de l'aventure ; il n'avait retiré de tous ses soins que d'être l'homme d'affaires de M. de N...., et ce n'avait pas été précisément là son but. Il en était au point de regretter de ne pas avoir brusqué l'aventure dès le premier jour ; et, dans sa colère, il jura bien à Landry qu'il ne serait plus si délicat une autre fois. Landry, sans savoir ce qu'il voulait dire, répondit qu'il avait raison.

Le duc résolut cependant de jouer le tout pour le tout. Le voyage de Fontainebleau lui parut favorable. Ayant dit au mari et à la femme qu'il partait tel jour, grâce à l'adresse de Landry, il sut faire dire à madame de N..., qu'il ne partirait que le lendemain, qu'il trouverait moyen d'éloigner son mari, et qu'il viendrait la prendre pour la mener, sur les neuf heures, dans un lieu où rien ne pourrait les troubler. Madame de N.... était elle-même trop contrariée pour refuser. Il ne s'agissait plus que d'éloigner M. de N.... Voici comme le duc s'y prit. La veille du jour où il devait partir, il vint lui dire adieu, et lui apprendre avec beaucoup de joie que, s'il voulait se trouver à tel café le lendemain, à sept heures du soir, son secrétaire irait l'y prendre, pour le mener souper chez un premier commis qui avait toute influence par sa femme, maîtresse du ministre rapporteur de son affaire au Conseil, et que vraisemblablement le gain de son procès serait décidé par cette démarche. Grands remercîmens de M. de N...., et résolution de se rendre au café avec exactitude, à l'heure indiquée. — La matinée du jour se passe. M. de N.... se pare pour le souper convenu chez le commis. Pour madame de N...., elle ne fait que des projets de toilette; car elle se serait trahie. Son mari, qui croit qu'elle restera seule, la plaint déjà. « Mais, lui dit-il, ma bonne, » les affaires commandent, et le duc assure » que c'est un souper d'hommes où tu ne » peux venir.... » Madame de N.... songeait à toute autre chose qu'à ce que lui disait son mari. L'heure arrive, il dit adieu à sa

femme, et il s'écrie : « Vois, ma bonne,
» comme nous devons être reconnaissans
» pour le duc ! même dans son absence, il
» s'occupe de nous ; il part ce matin pour
» Fontainebleau, et ce soir décide mon
» sort. » Madame de N..... le savait mieux que son mari, et trop bien pour répondre... A peine il est sorti, que la voilà à sa toilette ; elle ne choisit pas cette parure qui convient au bal, au spectacle ; par instinct, elle en prit une plus simple, plus analogue à une tendre intimité. Une femme se forme très-vite à Paris pour toutes ces nuances. Tout à coup une voiture s'arrête à la porte... Le cœur de madame de N.... trembla, battit ; elle entendit monter ; et, en voyant Landry, je crois qu'elle se rassura ; car enfin, il se pouvait que, par un hasard fâcheux, ce fût son mari qui revînt...... Le duc était trop prudent en fait de tendres étourderies, pour venir lui-même. Les gens de l'auberge, des valets pouvaient parler : au lieu que Landry, en habit gris, ayant quitté son luxe, conduisant madame de N.... à une voiture simple, n'attire point les regards ; on ne

sait pas même dans l'auberge, si elle est sortie. Il faut avouer qu'elle hésita, quand il fallut partir, que ses genoux fléchirent plusieurs fois; mais enfin elle partit. Le duc avait mis un tel mystère à cette aventure, qu'il trompait toute sa maison. Montant en voiture comme pour aller à Fontainebleau, il arrête à la barrière, fait un détour, et revient à sa petite maison sans avertir, sans prévenir Nivel qui même était sorti, en laissant des ordres pour ouvrir aux gens qu'il avait indiqués. Le duc avait une clef particulière; il entre et renvoie sa voiture. Il est suivi peu de temps après par madame de N.... qui, tremblante comme la feuille, arrive sous l'égide de Landry. Elle est là très-bien. Occupons-nous de ce que faisait son mari.

Depuis deux heures, il attendait inutilement l'homme que le duc devait lui envoyer. Il avait déjà lu trois fois la gazette; dix heures sonnaient; il perdit l'espérance. Dans ce moment son oreille fut frappée du ton de voix élevé, d'un homme qui faisait une diatribe contre les grands seigneurs. Parmi tous ceux qu'il citait comme les plus immoraux, le nom du duc.... fut plus d'une fois répété, avec des épithètes assez fâcheuses. M. de N... s'approcha d'un homme qui paraissait avoir pris le parti de ceux qu'on attaquait. — Que croyez-vous, Monsieur, lui dit-il, qu'un provincial doive conclure de votre dispute? — Vous devez conclure, Monsieur, que toutes les classes sont également corrompues. La démoralisation est générale. Si les grands seigneurs ont de mauvaises mœurs, celles des bourgeois sont les mêmes, avec moins d'élégance et de grâce : voilà toute la différence. Au moment où je vous parle, si le duc de... que l'on attaque tant, est occupé à séduire une femme de haut parage, son secrétaire obtient les faveurs de la femme de l'architecte qui veut bâtir pour le duc, de celle du marchand qui veut avoir un à-compte, et fournir encore. Les avocats, et les procureurs, et les commis et les gens de lettres, la haute et basse robe, la haute et basse finance, tout cela ne songe qu'au plaisir. Le duc a sa petite maison, le bourgeois ses parties fines du dimanche : les mêmes choses s'y passent. Les ménages ne sont pas meilleurs dans une classe que dans l'autre. La coquetterie, la galanterie des femmes, le libertinage des hommes, sont les fruits d'une longue paix, du désœuvrement, du luxe, de la richesse. Mais, encore une fois, tous ces gens-là ne sont pas méchans; ils ne sont qu'égarés par le plaisir. Ils sont encore moins dangereux que ce nouveau philosophe que vous voyez les attaquer avec aigreur. Il est d'une secte qui, par ses écrits et ses discours, prépare pour l'avenir une subversion générale. Ces gens-là ne valent pas mieux que les autres. Ils mettent les vertus en préceptes, et les vices en action; s'ils parviennent un jour à tout culbuter, ils laisseront la France toute aussi corrompue et moins heureuse.

En achevant ces mots, l'inconnu se leva et sortit. M. de N.... perdant l'espoir de souper chez le commis, sortit aussi, et s'acheminait tristement pour rentrer chez lui, quand il rencontre un receveur des tailles de sa connaissance, qui, ayant quitté le Limousin, était venu faire fortune à Paris,

pour se ruiner ensuite. — « C'est vous, mon
» cher de N...., lui dit-il. Il l'embrasse. Et
» parbleu l'heureuse rencontre! Je ne vous
» quitte pas. Vous passerez la soirée avec
» moi; vous saurez que je fais un souper
» fin, je veux que vous en soyez. J'ai loué
» pour ce soir le pavillon de la petite mai-
» son du duc de... — Du duc de. . . dit M.
» de N. . . . ? — Oui, répond le receveur.
» Il est à Fontainebleau; pendant ce temps,
» son concierge dispose de la maison; j'y
» mène deux petites personnes divines. Ce
» ne sont pas des nymphes de l'Opéra; les
» grands seigneurs seuls approchent de ces
» demoiselles; mais, pour nous autres bour-
» geois, je vous assure que les petits spec-
» tacles ont leur mérite. Vous dérogerez
» bien avez nous. — Comment, dit M. de
» N. . . ! Je connais le duc; il me protège;
» mais il ne me parlait pas de sa petite mai-
» son; je ne connais que son hôtel. — Par-
» dieu! je le crois bien. Sa petite maison est
» l'asile du mystère; elle est la terreur des
» maris; toute femme qu'il peut mener là....
» vous m'entendez bien. — C'est délicieux,

» nous verrons tout. . . . . venez. — Mais
» non, ma femme est seule. — Où demeure-
» t-elle ? — A la Belle Image, faubourg
» Saint-Marceau. — Il y a trop loin pour
» la prévenir ; bon ! Venez, vous rentrerez
» de bonne heure. — Je vous dirai que de
» plus, ce qui m'inquiète, c'est que le duc
» avait dit à son secrétaire de venir me pren-
» dre, pour me mener souper chez un pre-
» mier commis de qui dépend un procès que
» j'ai au conseil. — Bah ! son secrétaire !
» je le connais. C'est un libertin ; vous l'at-
» tendrez long-temps ; je l'ai laissé tout-à-
» l'heure dans une maison de jeu, où il per-
» dait tout son argent. Il vous a oublié, et
» passera là toute la nuit. Croyez-moi, ve-
» nez. Au fait, puisque vous deviez souper
» avec le secrétaire du duc, votre femme ne
» vous attendra pas. Je vous emmène. »
M. de N. . . . se laissa emmener.

Nous sommes à l'instant décisif. Examinons ce qui se passa, pour avoir une juste idée de l'aventure. Le duc était arrivé le premier. Depuis une heure, enfermé avec madame de N. . . . dans un boudoir délicieux, il voulut, pour varier, la conduire dans le jardin. C'était le moment où le marquis venait d'entrer avec la duchesse; et M. de N... avec le receveur. Dès-lors, la porte se ferma, parce que l'on n'attendait plus personne. L'ordre de Nivel était positif. Voilà nos trois parties réunies sans s'en douter, occupées chacune de son côté, et ne pensant pas du tout, les unes aux autres. M. de N.... était à table dans le pavillon avec le receveur; comme un des convives avait manqué, ils ne se trouvaient que quatre, eux et deux jeunes danseuses fort légères. M. de N.... était ce qui s'appelle *livré*; la tête n'y était plus. Sa perruque reculée de deux pouces et un peu de travers, et les yeux brillans, il chantait d'une voix forte : *J'aime mieux ma mie au gué*, en tenant sur ses genoux une des jolies sauteuses, quand tout d'un coup, la porte s'ouvre, et présente à ses yeux, qui?... Sa femme, dans un désordre trop parlant, s'appuyant nonchalamment sur le duc qui, ayant vu de la lumière dans le pavillon, s'était servi de sa clef pour y entrer par l'intérieur du jardin... On devine le coup de théâtre que ce moment produisit. Plus ou moins, ils avaient tous du vin dans la tête; mais pas assez pour ne pas voir et sentir leur position respective. Madame de N... fut altérée, le duc presque embarrassé : le receveur, le plus échauffé de tous, continua à boire; les danseuses se parlèrent à l'oreille, sans trop se déranger. Un moment de silence laissa les acteurs en présence, pour préparer un torrent de reproches de M. de N... à sa femme. Mais comme il oubliait l'état où il se trouvait, la dignité qu'il affectait, étant en opposition avec son désordre, formait un contraste si plaisant, que son ami, tout le premier, le fit remarquer aux convives avec des éclats de rire immodérés, qui agitant la chaise de ce pauvre receveur, le firent tomber aux pieds du duc. Comme on s'empressait à le relever, la duchesse se trouvait près du cabinet avec le marquis. Assise sur un banc de gazon, le charme du lieu, la douce clarté de la lune, les discours enivrans du marquis portaient dans son ame cette douce chaleur, ce désordre charmant qui annoncent toujours la défaite de la femme la plus sage. Tout-à-coup elle aperçoit, au coin d'une allée, Nivel qui rentrait par le jardin. Elle veut éviter ses regards, quitte le bras du marquis, voit la porte du pavillon ouverte, s'y précipite. Le marquis la suit dans le salon, en tenant à la main son mouchoir qu'elle avait ôté, à cause de la grande chaleur. Il lui crie : « Ma chère, pourquoi me fuir ? » que craignez-vous ? » Comme il prononçait ces derniers mots, la duchesse et lui se voyent au milieu de la société qui était loin de les attendre. Excepté les petites danseuses qui se moquaient de tout cela, chacun semble frappé d'un coup de foudre. Nivel vint à la porte achever le tableau par son épouvante. Le silence ne fût interrompu que par M. de N... qui redoubla ses reproches; la duchesse et madame de N..., sans pouvoir dire un mot, baissèrent leur voile. « Marquis, dit le duc à part à son ami, » vous savez que je ne suis pas pédant; mais » vous savez aussi jusqu'où l'on peut sup» porter une gaieté de ce genre. — Je vous » entends, reprit le marquis; mais l'aven-

» ture n'en sera pas moins plaisante. » En achevant ces mots, il s'éloigna. « Sortons, » dit sévèrement le duc, en emmenant sa » femme. Nous nous reverrons, si cela vous » convient. M. de N. . . . , je retarde mon » voyage de Fontainebleau, de deux jours. » — Oui, oui, M. le duc, répond M. de » N. . . . en entraînant sa femme; vous en- » tendrez parler de moi. » Ils disparaissent tous. Nivel alors embarque avec humeur dans un fiacre le receveur et les deux nymphes; les bougies s'éteignent, et la soirée finit. . . . .

Le lendemain, le duc donna un coup d'épée au marquis, en reçut deux de M. de N..... qui partit, ayant perdu son procès, et mangé plus d'argent qu'il n'en avait apporté. Le receveur fut très-malade de sa soirée; Nivel chassé, la duchesse et madame de N.... très-malheureuses.......... Et voilà ce que c'était qu'une petite maison.

La fin du règne de Louis XV vit s'abolir l'usage des petites maisons, que l'on pouvait regarder comme un hommage hypocrite que le libertinage rendait à la décence. Ceux qui gardèrent encore ces asiles secrets de la volupté, ne les destinèrent plus que pour des courtisannes. La galanterie, poussée à l'extrême, et qui cependant s'était long-temps couverte de voiles, les dédaigna. Si les amans attachèrent de la gloire au nombre de leurs conquêtes, beaucoup de femmes oublièrent toute retenue; et mettant une sorte d'ostentation dans leurs intrigues, elles contractaient, en quelque sorte, de nouveaux nœuds avec solennité. Hors de porter le deuil de leur amant, lorsqu'elles le perdaient, chacune de leurs démarches, chacun de leurs discours, affichait l'intérêt qu'elles auraient dû cacher. Les maris, de leur côté, subissant leur sort sans murmure, ridicules par le fait, mais cessant de l'être par l'usage, et voyant à peine leurs femmes, semblaient ne tenir à elles que par le nom, et cherchaient ailleurs des plaisirs et un bonheur qu'ils ne trouvaient pas chez eux.

Telles étaient les mœurs en ce moment. L'empire des femmes se bornait à diriger le bon goût, le bon ton, et ce qu'on appelait *le bel usage*. Elles y réussissaient parfaitement, et l'on doit convenir que l'élégance de mœurs, qu'elles avaient établie, se formant à la fois de l'ancienne dignité et des formes aimables du moment, composait un ensemble plein d'atticisme. On l'avait tellement raffiné, que, non seulement un homme et une femme de province étaient remarqués au premier coup-d'œil; mais qu'à Paris même, les habitans du quartier du Marais étaient en discordance avec le langage et le ton de la cour et de la première société de la ville. Jusqu'aux courtisannes de la première volée, se distinguaient par le goût qui régnait dans leur maintien et leur conversation. Passant leur vie avec les hommes de la meilleure compagnie de la ville et de la cour, elles étaient soumises nécessairement à mille détails de finesse et de tact, qu'elles étudiaient pour plaire à ces amans distingués, dont elles prenaient à la fois les formes aimables et la fortune. Ce bon ton était d'autant plus difficile à saisir, qu'il tenait à des nuances imperceptibles; que ceux-mêmes qui en étaient loin, le sentaient, sans pouvoir y atteindre, ni le définir. Il influait non seulement sur les habitudes ordinaires de la vie, sur le langage, sur les coutumes, mais aussi sur les arts et les lettres. Hors le génie, dont le vol est trop élevé pour pouvoir obéir à ces lois, tout leur était soumis. L'esprit leur rendait hommage, et leur empruntait bien des charmes. Pour réussir dans les productions légères, les auteurs les plus célèbres devaient être à la fois gens de lettres et gens du monde. Voltaire dut beaucoup lui-même à la bonne compagnie dans laquelle il vécut toujours. On sent tout le crédit que devait avoir cette société choisie, dont les femmes, surtout celles d'un certain âge, dirigeaient les usages, et soutenaient l'éclat. Le temps, où il devait se détruire, n'était pas éloigné. L'instant, où Louis XV prit pour maîtresse Madame Dub.... est une époque remarquable, par l'influence que ce choix eut sur la société.

Quelques femmes qui existent encore, et dont le nom seul est un éloge (*), eurent

(*) Madame la d. d. Du.... Madame L. M. D. Bea.... Madame D. Té... Madame D. Tin....

le

le courage estimable de résister au roi qui, ayant fait présenter madame Dub...., voulut exiger des dames de sa cour de voir sa maîtresse. Elles préférèrent une retraite noble à cet avilissement; elles s'éloignèrent de la cour, et renoncèrent à toute faveur, quelques autres même aux droits de leur charge; mais, en s'exposant à la colère du roi, elles emportèrent sa secrète estime. Ce prince crut d'abord que ce mouvement général n'était dû qu'à l'effervescence du moment, et que la réflexion et l'intérêt particulier rameneraient près de lui plusieurs dames que des récompenses attendaient. Il se trompa. Toutes celles qui avaient pris ce noble parti, joignirent la suite dans leurs projets à l'énergie de leur détermination, et le roi vécut isolé sur son trône. A trois ou quatre femmes près, toutes suivirent l'impulsion de celles dont je viens de parler, même les plus légères et les plus inconsidérées. On retrouve dans cette conduite le caractère distinctif des femmes : la corruption peut atteindre leurs mœurs, et non altérer leur amour-propre. Dès qu'il est en jeu, il les élève au dessus d'elles-mêmes, comme l'amour de la gloire nous électrise.

Il résulta de cet isolement de la cour, non seulement une flétrissure pour le trône, mais des conséquences sans nombre pour l'existence des femmes, et même pour les événemens politiques. La société était alors partagée en trois classes; jeunes femmes, femmes d'un âge mûr, recherchant déjà la considération; femmes âgées recevant les égards, les respects, soutenant les principes établis, étant en quelque sorte les arbitres du goût, du ton et de l'usage.

Un jeune homme entrant dans le monde y faisait ce que l'on appelait un début. Il fallait réussir ou tomber, c'est-à-dire plaire ou déplaire à ces trois classes de femmes qui décidaient sa réputation. Ce début était d'autant plus important, qu'il s'agissait, pour le jeune homme, de la faveur à la cour qui lui donnait des places et des grades, de ce que l'on appelait l'*existence*, qui lui valait une suite de jouissances de tous genres, dans la société des princes, des dames et des grands seigneurs, et presque toujours un mariage excellent, tant pour la fortune que pour la naissance. On sent de quel intérêt était ce début, combien il était indispensable de plaire. Aussi les éducations tournaient-elles presque toujours vers cet objet. Un gouverneur, sous les yeux des parens, donnait à son élève peu d'instruction à la vérité, mais une teinte générale de tout. On cultivait avec soin les arts d'agrément; le père indiquait et suivait la direction de ce travail; mais la mère, la mère seule pouvait porter son fils à ce dernier degré de politesse, de grâce et d'amabilité qui finissait son éducation. Outre sa tendresse naturelle, son amour-propre se trouvait tellement de la partie, que l'on peut juger du soin, de la recherche qu'elle mettait à donner à ses enfans, à l'instant de leur entrée dans le monde, tout le charme qu'elle pouvait ou développer en eux, ou leur communiquer. De là venaient cette politesse si rare, ce goût exquis, cette mesure dans les discours, dans les plaisanteries, cette grâce de maintien; en un mot, cet ensemble qui classait ce que l'on appelait la bonne compagnie, et qui distingua toujours la société française, même chez les étrangers. Un jeune homme avait-il manqué dans sa jeunesse à une attention pour une femme, à un égard pour un homme plus âgé que lui, à une déférence pour la vieillesse, que la mère du jeune étourdi en était instruite le soir même par ses amis, et le lendemain il était sûr d'une leçon et d'une réprimande. La société, répartie en mille cercles différens, se tenait sous tous ces rapports, sans se voir habituellement. La politesse, le goût, le ton étaient une espèce de dépôt que chacun gardait avec soin, comme s'il n'eût été confié qu'à lui. Les femmes surtout étaient les premiers soutiens de ces bases de l'agrément de la société; c'est à la politesse qu'elles mettaient le plus d'importance. Elles avaient raison. Cette qualité est la première expression du respect qu'on leur doit; elle est de plus si précieuse dans le commerce de la vie, que l'on a vu des gens se passer d'esprit en sachant mêler la politesse avec des manières nobles et élégantes.

Je viens de montrer quel empire les femmes exerçaient dans la société. On a pu remarquer qu'un homme adroit et ambitieux mettait dans ses intérêts une jeune femme pour ses plaisirs, une femme d'un âge mûr pour ses intrigues et son ambition à la cour, et plusieurs vieilles femmes considérées, qu'il soignait pour qu'elles le soutinssent dans la société. Ces femmes criaient à l'injustice, s'il n'obtenait pas ce qu'il désirait en places, en faveurs de tous genres; elles le défendaient s'il avait quelque aventure trop marquante en fait de jeu, d'intrigue, de galanterie; le destinaient d'avance à tout; en un mot, elles devenaient ses avocats zélés au passé, au présent et dans l'avenir.

Outre ces trois classes de femmes, il en existait à Paris une quatrième, qui visait à la réputation par les entours des gens de lettres et des philosophes, et qui se faisait presque un état de l'esprit. A l'instant où la hardiesse des idées nouvelles croissait de plus en plus, les philosophes, les gens de lettres, et les femmes dont je viens de parler, animés d'un même intérêt, conspirèrent bientôt au même but. Ils se réunirent ; ceux-ci pour déclamer à leur aise, et donner carrière à leur désir de fronder ; celles-là, pour s'illustrer un peu, par la réunion qui se faisait chez elles de tous ces hommes dangereux qui avaient plus d'instruction que de lumières, plus d'amour-propre que d'amour du bien public, et surtout plus d'esprit que de raison (*).

Mesdames Geoffrin et du Deffant furent les plus célèbres.

Madame Geoffrin n'avait pas un esprit très-brillant. Sa conversation, sans éclat, avait plus de douceur que de piquant. Mêlant chez elle, avec les Français connus, beaucoup d'étrangers instruits et fameux, elle employait toute son adresse à les attirer. Ils ne faisaient point de voyage à Paris, sans lui rendre un hommage qu'elle perpétuait par ses correspondances. Elle savait jeter, dans tous ses rapports, un vernis d'intérêt amical, un voile d'amabilité par lequel chacun se laissait surprendre, et qui

(*) Nous leur devons les premières idées qui ont précipité la France dans de si grands malheurs.

cachait son véritable but, quoiqu'il ne fût pas difficile de le deviner. De plus, tout jeune artiste trouvait en elle une protection pour ses ouvrages, même des secours secrets et délicats pour ses besoins.

Elle tenait, en quelque sorte, un bureau d'esprit; il s'y formait un corps d'opinions qui influait sur les lettres en général, sur les ouvrages, les réputations. En un mot, par la seule suite de ses dîners et de ses réunions, où elle écoutait plus qu'elle ne parlait, madame Geoffrin se fit une petite célébrité à l'ombre de celle des autres.

Madame du Deffant avait plus d'esprit qu'elle. Sa société fut plus l'effet du hasard et de sa situation (*), que du calcul d'une gloriole qu'elle ne cherchait pas. On cite plusieurs de ses mots; on en a peu retenu de madame Geoffrin (**). Naturelle-

(*) Elle fut aveugle d'assez bonne heure.

(**) On attribue, peut-être injustement, à Rhulières cette épigramme déchirante contre madame du Deffant qui ne la méritait pas.

Elle y voyait dans son enfance,
C'était alors la médisance.
Elle a perdu les yeux et gardé son génie;
Aujourd'hui c'est la calomnie.

ment caustique, madame du Deffant se refusait peu le plaisir de lancer quelques traits malins ou quelques épigrammes mordantes; mais elle y mêlait toujours une teinte de gaieté qui la faisait excuser. Elle voyait souvent un homme fort ennuyeux, qui parlait beaucoup, et toujours du même ton. Un jour que cet homme la fatiguait plus que de coutume, madame du Deffant, profitant malignement de la perte de sa vue, lui dit avec humeur : *Mais, monsieur, quel mauvais livre lisez-vous donc là ?* On assure que cet homme fort piqué ne retourna plus chez elle. C'était sûrement ce qu'elle voulait.

La composition de sa société n'était pas la même que celle de madame Geoffrin. Elle voyait moins d'artistes, autant de gens de lettres souvent mieux choisis, et plus d'hommes de la cour. Au reste, on doit remarquer par l'existence de ces deux femmes, que, dans les siècles les plus ternes par la stérilité d'événemens, les femmes trouvent le moyen de faire parler d'elles, et que le besoin d'occuper les porte à s'emparer des moyens des autres, quand elles n'en trouvent pas en elles-mêmes.

Vers la fin du règne de Louis XV, il parut une autre femme, moins citée par son esprit, quoiqu'elle en eût beaucoup, que par sa liaison avec d'Alembert ; ce fut mademoiselle de l'Espinasse. Il était difficile de réunir à plus d'idées brillantes plus de justesse, de goût, de finesse et de tact. D'abord l'obligée et l'amie de madame du Deffant qui avait protégé sa jeunesse, mademoiselle de l'Espinasse fit long-temps l'agrément des soirées de sa bienfaitrice. Une petite querelle survint; exigeance d'un côté; de l'autre, ennui de la dépendance. On se refroidit. Les amis s'en mêlèrent. En conséquence ces deux femmes se brouillèrent ; les gens de lettres prirent parti : d'Alembert et quelques affidés persuadèrent à mademoiselle de l'Espinasse de s'éloigner, en l'assurant qu'elle avait assez de moyens pour établir chez elle une conversation presque rivale de celle de madame du Deffant. Elle hésitait ; on la décida. Sa retraite fut presque un enlèvement. Mademoiselle de l'Espinasse prit un appartement modeste. Elle y fut suivie de tous les amis de d'Alembert.

Cette petite aventure produisit presque un schisme dans la société spirituelle et littéraire. M. l'abbé Morellet, écrivain (*) utile et profond, et qui faisait un des ornemens de cette société, doit, dit-on, publier ses ouvrages (**). Je laisse à sa plume excellente le soin d'entrer dans plus de détails sur la vie de mademoiselle de l'Espinasse. C'est bien assez pour moi d'oser dire un mot sur un sujet qu'il doit traiter.

Voilà quelle était, à cette époque, la condition des femmes en France. Leur influence portait sur de si petites choses, qu'elles en tiraient peu de considération.

On voit qu'à ce moment la France ne produisit aucune femme véritablement célèbre; mais en jetant ses regards sur l'Europe, le commencement du règne de Louis XV même présente, sur les bords du lac Ladoga, une des femmes les plus extraordinaires que la

(*) M. l'abbé Morellet, l'avocat du malheur dans les temps les plus périlleux de la révolution.

(**) Ils forment 2 vol. in-8.° de Lettres, publiées et réimprimées plusieurs fois (*Note de l'Editeur*).

nature ait produite. Je ne puis me refuser à tracer le précis des événemens qui, du lit d'un traban, l'ont conduite sur le trône du czar, et placée pour jamais dans la mémoire des hommes.

Les détails que j'offre au lecteur sont traduits d'un manuscrit russe qui fut remis à M. de Voltaire, quand il écrivit l'*Histoire de Russie sous l'empire de Pierre-le-Grand.*

Je ne fais aucun scrupule de m'emparer de ce fragment qui plaira sans doute par l'intérêt des faits, le mérite d'une narration facile, et par un caractère de vérité très-marqué.

HISTOIRE DE CATHERINE I.re,

Femme du czar Pierre-le-Grand.

Dans tous les siècles, le sexe appelé le plus faible a triomphé de celui qui se dit le plus fort; telle est l'impérieuse loi de la nature. Dans plusieurs empires, de simples particulières ont été les maîtresses des souverains, et se sont placées à côté du trône, sans le partager. La Russie, selon les principes de cet état, n'admettait que des sujettes dans le lit de ses czars. Son code ne permettait à ses monarques aucune alliance hors de l'empire. Ce qui nous étonne, ce que jamais cet état, jadis barbare, n'avait vu, ce qu'il admire encore, c'est qu'une étrangère, une fille inconnue, une esclave, se soit non seulement assise sur le trône impérial, à côté d'un maître éclairé et despote; mais qu'elle ait, après sa mort, occupé sa place, et régné avec une gloire dont l'éclat dure encore; c'est qu'elle ait donné à cet empire immense une stabilité que deux autres femmes ont soutenue. Catherine II a gouverné avec une sagesse qui forcera l'admiration de la postérité la plus injuste.

Catherine, dont on ignorait l'origine et les parens, était née en 1702, à Marienbourg, ville sur les confins de la Livonie et de l'Ingrie, mais qui ne subsiste plus. Les auteurs de sa vie, chassés par la peste de leur malheureuse patrie, trouvèrent leur tombeau dans cette ville, et laissèrent leur fille sans appui, au soin du premier homme charitable qui daignerait s'en charger.

Avec Catherine, alors âgée de trois ans, restait à l'abandon un garçon de cinq ans, son frère. Celui-ci fut confié à la charité d'un pauvre paysan, qui voulut bien le nourrir et l'élever. Catherine, peu fortunée, entra dans la maison du pasteur de la ville; mais ce ministre, attaqué lui-même de la maladie contagieuse qui avait fait périr les parens de ces jeunes infortunés, mourut quelque temps après. La tendre orpheline resta dans la plus honteuse misère, ignorant sa naissance, sa patrie, et le secret du hasard qui l'avait remise entre les mains de son bienfaiteur.

Le sur-intendant des églises luthériennes, ou l'archiprêtre de la province, brûlant de zèle pour le salut de tant de malheureuses victimes de la contagion, se transporta à Marienbourg. Sa première visite fut dans la maison du pasteur défunt. A sa vue, la jeune Catherine vole dans ses bras, le saisit par sa robe, l'appelle son père, lui demande avidement du pain; une faim cruelle dévorait ses entrailles.

L'ame humaine et compatissante de M. Gluck s'épanouit, en sauvant la vie de cette innocente créature qu'il ne connaissait pas, et qu'il eût souhaité de rendre à sa famille. Il fit en vain des recherches pour la découvrir; personne dans tout le voisinage ne put l'en instruire. Le charitable Gluck, pénétré des malheurs de cette jeune fille, daigna s'en charger, et la promener dans la plupart des villes où son ministère l'appelait; mais enfin, forcé, par état, de distribuer ses secours spirituels dans des lieux divers et éloignés, il remit ce dépôt sacré à son épouse, qui devait veiller sur l'éducation de la pupille.

Cette vertueuse femme avait deux filles à peu près aussi jeunes que Catherine : elle les éleva toutes trois avec le même soin ; et, sous l'aile de cette prudente institutrice, Catherine parvint à l'âge de seize ans. A cette époque des révolutions de la nature dans les deux sexes, madame Gluck fut inquiète. Déjà son fils aîné voyait trop attentivement les grâces naissantes de la jeune étrangère, et Catherine n'était pas insensible. Dans le dessein de distraire son cœur, on prit soin d'en écarter l'objet qui paraissait l'enflammer, et de lui en présenter un autre. Un traban, qui était alors en garnison à Marienbourg, vit Catherine ; elle lui parut aimable, et il consentit à l'épouser. La cérémonie des noces se fit avec un grand concours ; chacun était curieux de voir ces époux que le hasard réunissait.

Les mémoires que j'extrais avec la plus scrupuleuse fidélité ne disent pas si le dernier sceau fut mis à leur union ; mais ils attestent que le jeune traban partit, dès le troisième jour de son mariage, pour joindre, en Pologne, le roi de Suède, Charles XII, qui poursuivait Auguste jusque dans le sein de ses états. Cette espèce d'abandon, de la part du nouveau marié, laissa encore Catherine aux soins de M. Gluck. Nous verrons bientôt par quel hasard elle fut éloignée de lui. Le traban fut-il tué? mourut-il de quelqu'autre manière? C'est ce que l'on ignore.

La jeune épouse était toujours chez son protecteur, à Marienbourg, lorsque le maréchal Sheremetof, général des troupes russes, investit la ville et l'assiégea. La garnison, dont les forces ne répondaient pas à celles de la ville, ne put tenir contre l'attaque des assiégeans; elle se rendit à discrétion.

Le conseil, qui détermina cette résolution, ne crut pas devoir négliger les moyens d'adoucir un vainqueur irrité de la résistance. On lui députa, pour implorer sa clémence, le digne pasteur M. Gluck, avec toute sa famille. Celui-ci se présenta dans la tente du général, en suppliant, plutôt qu'en négociateur, avec son épouse, ses enfans, ses domestiques; ce cortége, intéressant et humilié, eût brisé le cœur de l'ennemi le plus farouche. Le général russe eut du moins la noblesse de recevoir décemment le député de Marienbourg ; mais selon l'usage des vainqueurs, qui ont une probité à part, il se saisit de la place par droit de conquête. Par un autre droit qui est celui du plus fort, s'il n'est pas celui de la justice, il s'adjugea Catherine, dont la taille était déjà aussi avantageuse, que sa beauté était frappante.

Catherine, ravie à une famille qu'elle regardait comme la sienne, ressentit la plus douloureuse affliction. Elle se voyait séparée d'une foule de personnes chères, que peut-être elle ne rencontrerait jamais, et, ce qui était le plus cruel, elle allait être esclave chez une nation dont elle ignorait l'idiôme et les mœurs. La sincérité de ses regrets a été constamment démontrée, lorsque, du haut du trône, elle s'est empressée d'accueillir cette honorable famille, et de la combler de biens et d'honneurs.

Dans le siècle dont nous parlons, les esclaves, en Russie, gémissaient sous la plus cruelle servitude. Le maître avait sur leur personne le droit de vie et de mort. Catherine fut bientôt instruite de cette loi de sauvages ; mais elle eut assez d'esprit pour se douter que ses charmes avaient subjugué son nouveau maître, et qu'il ne se l'était adjugée, que pour satisfaire un amoureux penchant. Cette idée la consola de son esclavage, sans l'éloigner des devoirs de sa servitude, et elle se contenta de paraître aimable, pour plaire de plus en plus à son vainqueur.

Tandis que Catherine employait ainsi tout son art à inspirer de tendres sentimens au comte Sheremetof, Menzikof qui, de garçon pâtissier, était devenu prince par ses talens et par la faveur du czar, prit en Livonie la place du général, qui reçut l'ordre de joindre sur-le-champ son souverain dans la Pologne. A peine lui laissa-t-on le temps de prendre avec lui le premier nécessaire ; il lui fallut abandonner des meubles précieux, un nombreux domestique, et, ce qui coûtait le plus à son cœur, sa chère Catherine. Menzikof enchanté affecta de plaindre le maître et l'esclave, et en proposa la cession libre et sans retour. Pressé par les conjonctures, le comte Sheremetof céda Catherine de bonne grâce; c'était un bien que chacun souhaitait de posséder, et qui demeurait au plus heureux.

Dès que Catherine eut vu le nouveau maître sous lequel elle devait servir, elle le compara avec Sheremetof, et la balance pencha en faveur de Menzikof; il était jeune et aimait le plaisir. Une esclave adroite profite habilement de ces dispositions. Catherine prit sur son vainqueur un tel ascendant, elle captiva si solidement son amour, que le maître semblait être dans les fers, et l'esclave régner en souveraine.

Les deux amans vivaient ensemble dans la plus parfaite union, lorsque le czar passa par Nottebourg, où ils demeuraient, et logea chez son favori Menzikof. Catherine, qui servait à table avec les autres esclaves, en fut bientôt distinguée par le souverain, que le premier coup-d'œil trompait rarement. L'empereur s'informa de sa naissance, du sort qui l'avait fait tomber dans les mains de Menzikof; il fallait répondre. Le favori ne parla que par des signes de tête qui décelaient autant son chagrin, qu'ils prouvaient sa soumission. Tandis que le czar regardait Catherine, et lui faisait de ces agaceries qui déconcertent une fausse prude, et qu'une femme spirituelle entend sans se compromettre, charmé de ses manières, il ne mit fin aux plaisanteries qu'en lui ordonnant de porter le flambeau dans sa chambre lorsqu'il y entrerait pour se coucher. Menzikof était trop fin courtisan pour montrer de l'humeur; il gémissait tout bas. Catherine passa la nuit avec l'empereur.

Dès le lendemain matin, il rendit au favori son esclave, après lui avoir donné un ducat ou un demi-louis. Le monarque aimait beaucoup ce qu'il appelait des *passades amoureuses*; un ducat en était le prix ordinaire; prix modique, sans doute, mais que ses désirs lui faisaient payer si souvent, que la somme en était considérable à la fin de l'année. Tel était l'esprit d'ordre que ce prince mettait dans tout le détail de sa vie; rien ne lui échappait. Un tarif rigoureux fixait le taux de ses plaisirs, et de ceux de tous ses sujets. Le misérable, qui n'avait que trois copeks ou trois sous à dépenser par jour, n'était pas dans la pauvreté condamné à se priver des plaisirs de l'amour. Une fille qui lui plaisait ne pouvait en exiger que le tiers de ses appointemens journaliers. Chaque condition était taxée à proportion. Ce réglement démontre quel était le génie calculateur et la constitution du souverain de la Russie. Jusque-là ses amours avaient toujours manqué de cette délicatesse qui en est le plus précieux assaisonnement. Selon ses principes, aimer était un besoin, ainsi que boire et manger. On devait, disait-il, fixer le prix des plaisirs de l'amour, comme on règle celui des denrées.

L'artificieuse Catherine prétendit, après le départ du czar, qu'elle ne s'était soumise que par obéissance aux volontés de Menzikof, et elle lui reprocha vivement la faiblesse de son amour. Menzikof parut sensible aux plaintes de Catherine : il fut auprès d'elle d'une vivacité, d'une tendresse dont toute l'armée s'aperçut. Entièrement absorbé dans ses jouissances actuelles, il avait oublié la scène passée, et l'avenir ne l'inquiétait pas encore. Il puisait dans les bras de son amante tous les ordres qu'il devait donner.

Le général, plus épris que jamais de son esclave, ne prévoyait pas le retour prochain de son maître. Il en fut néanmoins la cause principale. Les plaintes que l'empereur avait reçues, et qui tombaient sur le général, n'étaient que trop fondées. Le monarque dont l'abord fut glacé, le traita avec une extrême rigueur. On dit même qu'il le frappa. Au reste, cette punition n'étonnera aucun de ceux qui ont connu le génie de Pierre-le-Grand. Il aimait la justice sommaire, lorsqu'il ne voulait pas soumettre le coupable à celle de la loi. Un coup de bâton, de sa part, présageait ordinairement le retour prochain de sa bienveillance. Semblable à la foudre, sa colère éclatait, son bras frappait; et le calme renaissait bientôt. Les battus recevaient le même accueil que s'ils n'eussent pas été punis.

Menzikof se défendit avec des mensonges,

et le souverain aveuglé fut satisfait. Le général, bien assuré que ses manœuvres ne seraient pas approfondies, continua son brigandage, et ne perdit rien de l'ascendant qu'il avait sur l'esprit de son maître.

Le souverain, qui ne s'attendait pas à rester long-temps dans la Livonie, s'était logé dans une maison particulière. Il voyait pourtant son favori, et ils mangeaient ensemble; mais la jalousie avait séquestré Catherine, et le général se flattait que le czar ne s'en occupait plus. Le monarque, en effet, affecta d'abord de ne point parler. Après quelques jours de silence, il demanda, dans le cours d'un souper, des nouvelles de Catherine, et les raisons d'une absence si longue. Cette question était un ordre de la montrer : elle fut appelée, et parut ornée de nouvelles grâces. Sa physionomie cependant fut si embarrassée, que le pauvre amant en parut alarmé. Les yeux du czar achevèrent de la déconcerter, et les courtisans s'en aperçurent.

Pierre, dont l'ame fut également troublée, fit quelques questions badines et galantes à

Catherine qui répondit avec toute la décence du respect. Le czar, qui fut peut-être mécontent de cette fausse froideur, tâcha de donner le change à des courtisans, toujours avides de pénétrer le souverain, en affectant d'adresser indifféremment la parole à plusieurs d'entre eux ; mais il se tut ensuite jusqu'à la clôture du repas, où devait s'ouvrir une scène nouvelle et très-affligeante pour Menzikof.

Les Russes étaient alors en usage de commencer et de finir leurs repas par un verre de liqueur, qu'un esclave présentait aux convives. En sortant de table, l'empereur vit Catherine armée d'une soucoupe qui contenait plusieurs verres. Il prit de sa liqueur, jeta sur elle un coup-d'œil enflammé, et lui dit : *Catherine, je vois bien que nous sommes brouillés ensemble ; mais je compte que nous ferons la paix cette nuit.* Je l'emmène, dit-il à son général, d'un ton familier. Il la prit en effet sous le bras, et la conduisit dans son appartement.

Depuis ce moment, le czar ne se sépara point de Catherine. Menzikof n'en courti-

sait

sait qu'avec plus d'adresse son maître qui ne parlait pas de la lui rendre. Partagé d'abord entre l'espoir et la crainte, il apprit bientôt qu'un amant subalterne perd tous ses doits sur une femme qui se voit aimée d'un souverain. Dès le troisième jour de la retraite de sa maîtresse, le czar, qui eut avec lui de longues conférences sur des affaires d'état, le congédia ensuite, sans lui dire un mot de Catherine. Menzikof se retirait déjà pénétré de douleur : le monarque le rappelle. Veut-il lui rendre sa chère Catherine ? Pourra-t-il encore être aimé d'elle ? *Ecoute*, lui dit le monarque, *je ne te renvoie pas Catherine ; elle me plaît, je la garde, et il faut que tu me la cèdes.*

Menzikof fit une révérence profonde et forcée. Il se retirait, le dépit dans l'ame ; lorsque le czar ajouta, de ce ton de maître qu'il prenait quelquefois : *Tu ne songes pas, sans doute, que cette fille est mal vêtue. Ne manque pas de lui envoyer au plutôt de quoi s'habiller; il faut qu'elle soit bien nippée*. Pierre voulut-il faire restituer à sa conquête une portion des richesses usurpées par Menzikof sur ses peuples ? Cette faible restitution n'eût pas, ce me semble, compensé le crime. Je ne vois là qu'une parcimonie bizarre dans un souverain, ou le caprice d'un amant qui voulait faire briller sa maîtresse aux dépens de son rival.

Quoi qu'il en soit, Mensikof, qui connaissait son maître, fit aussitôt empaqueter toutes les hardes de Catherine, et y ajouta un écrin de diamans. Aucun seigneur n'en avait de plus beaux, ni en si grande quantité que lui. Deux esclaves, qui précédemment avaient servi Catherine, furent chargés de porter ce précieux message, et de rester auprès d'elle tant qu'elle le jugerait à propos. On ne pouvait mieux s'y prendre pour flatter la nouvelle favorite, et conséquemment pour faire sa cour au monarque.

Catherine n'était pas dans son appartement, lorsque les esclaves y déposèrent les malles. De retour chez elle, elle fut étonnée de voir tant d'habits précieux qu'elle reconnaissait pour s'en être servie, mais sur lesquels elle ne croyait plus avoir de droit. Elle vole d'abord vers le czar, et lui prend la main, avec cet air de familiarité qui plaît dans une esclave aimée : *J'ai été,* lui dit-elle, *assez long-temps dans votre appartement, pour que vous veniez faire un tour dans le mien. J'ai quelque chose de fort curieux à vous faire voir.* Elle entraîna son amant presque malgré lui ; et, prenant un ton adroitement sérieux, elle ajouta : *Tout ce que je vois m'annonce que je suis ici pour y rester tant que ce sera votre volonté. Cela étant, il est bon que vous voyez toutes les richesses que j'y apporte.* Elle défait sur-le-champ les ballots, et s'écrie, en souriant : *Voilà le bagage de l'esclave de Menzikof.* Elle n'avait pas encore vu l'écrin, qu'elle prenait simplement pour un étui à cure-dents ; elle l'ouvre, s'étonne, et dit tout haut : *On s'est trompé. Voilà un meuble qui ne m'appartient pas, et que je ne connais point.* Dans le nombre des richesses de cet écrin était une très-belle bague qui fut évaluée 20,000 roubles, ou 100,000 livres tournois. Sa surprise augmente ; à la vue de tant de richesses, elle regarde fixement le monarque : *Cela est-il*, lui dit-elle, *de mon ancien ou de mon nouveau maître ? Si c'est de l'ancien*, ajouta-t-elle, *il congédie magnifiquement ses esclaves.* Elle eut à peine fini ces mots, qu'un dernier sentiment de tendresse la fit rentrer en elle-même. Des larmes coulèrent de ses beaux yeux ; elle parut interdite, garda d'abord le silence, et ne le rompit qu'en regardant tendrement son souverain : *Vous ne me dites rien*, s'écrie-t-elle ! *j'attends votre réponse.*

Pierre, enchanté de la surprise de son amante, la contemplait avec les yeux de la plus ardente passion, et ne répondit pas. Ce silence permit à Catherine un premier instant de réflexion. Le second fut employé à faire l'inventaire de ses diamans ; et s'adressant toujours au czar, elle dit : *Si c'est un présent de mon ancien maître, il n'y a pas à balancer ; je lui renvoie le tout. Je ne garde que cette petite bague de peu de valeur, pour me faire souvenir de ses anciennes bontés pour moi. Mais si ces dons me vien-*

nent de la générosité de mon nouveau maître, je les lui rends. Je n'en veux pas à ses richesses. J'attends de lui quelque-chose de plus précieux.

Pierre, qui ne pénétrait pas encore cette femme artificieuse que dévorait l'ambition, lui protesta, pour la rassurer, que ces pierreries étaient un présent de Menzikof qui lui faisait ses adieux; qu'il lui savait gré de cette attention, et qu'il se chargeait de l'en remercier. Mais, à cet aveu spécieux de la générosité du favori, succéda un ordre exprès d'accepter l'écrin.

Cette scène, que le czar n'avait pas prévue, eut pour témoin les esclaves porteurs des ballots et le capitaine du régiment des gardes, Préobazinski, qu'il avait fait appeler. Leur rapport rendit bientôt publique l'étroite union du nouveau maître et de l'esclave. Dans tout l'empire, l'on ne parlait plus que des attentions, des égards du souverain pour une fille ignorée jusqu'alors. La nation perdit-elle de son bonheur, à l'époque de ce choix étonnant? Il me semble qu'elle y gagna beaucoup. Jusque-là, le monarque, insensible à ce qu'on appelle maintenant l'*étiquette*, avait confondu toutes les femmes dans la même classe : leur rang, leurs charmes, les tendres liens de l'amour, ne l'avaient pas encore touché; sa métamorphose était réservée à Catherine. Elle fit, d'un homme sauvage, un souverain aimable; son humeur s'adoucit; il se plia aux délicatesses de la galanterie. En peu de temps, la cour de Russie devint une faible image de l'élégante cour de Versailles qui, depuis plusieurs années, donnait le ton à l'Europe, et indiquait à toutes les sociétés le moyen de connaître toutes les douceurs de la vie, en réunissant les deux sexes.

Menzikof, qui s'aperçut bientôt de l'ascendant que son ancienne esclave prenait sur l'esprit du czar, crut devoir nourrir cette passion naissante encore, et en faire la base de son pouvoir. Il était trop habile pour ignorer l'empire que devait avoir, sur le cœur de son maître, cette fille également belle et spirituelle.

Jusqu'à l'époque de Catherine, les amours du czar avaient plutôt été l'effet d'un tempérament fougueux, que le sentiment délicat qu'inspire la tendre et chaste beauté. Le nouvel objet dont il était épris le rapprocha de la nature; il mit du mystère dans sa liaison. Il est vrai que, pendant le séjour qu'il fit en Livonie, sa maîtresse occupa toujours un appartement à côté du sien; mais il eut constamment la prudence de s'interdire d'en prononcer le nom, même dans l'intimité de la confidence. Lorsqu'il partit pour Moskou, il enjoignit à un capitaine de ses gardes d'y conduire Catherine avec le plus grand secret. Cet officier ne connut le prix de son dépôt que par l'ordre qu'il eut de la traiter, pendant la route, avec la déférence la plus respectueuse. Il fut, en outre, porteur d'une lettre pour une dame chez laquelle elle devait loger, et chargé de donner au monarque des nouvelles du précieux objet de son amour.

La prudente Catherine vécut à Moskou dans l'obscurité que l'on exigeait d'elle pendant deux ou trois ans. Elle était logée dans un quartier désert, chez une femme ignorée. C'était dans ce réduit que, tous les jours, ou du moins toutes les nuits, l'amoureux czar visitait si mytérieusement son amante, qu'il n'était accompagné que d'un grenadier qui conduisait son traîneau. Un tel secret ne devait pas sans doute être du goût de Catherine : la maîtresse d'un grand aspire à la publicité de ses amours ; mais ce secret pesait aussi sur l'ame du maître. Persuadé que ses infatigables travaux pour ses états exigeaient du repos, et lui permettaient une salutaire dissipation, il se relâcha insensiblement du mystère qu'il s'était imposé. Des rendez-vous réguliers furent d'abord assignés à ses ministres dans l'appartement de Catherine. Il s'entretenait avec eux, en sa présence, des affaires les plus importantes de l'empire ; et bientôt, convaincu par lui-même que le sexe, qui sait amuser le nôtre avec tant de charmes, lui dispute encore souvent l'art épineux de ménager de grands intérêts, non seulement il l'admit dans ses conférences, mais il voulut encore qu'elle opinât librement dans son conseil. Il est probable que la politique ministérielle, et l'amour triomphant du souverain, souscrivirent plus d'une fois aux décisions de la beauté; et le czar eut souvent sujet de s'applaudir de ses décisions.

Cette femme avait en effet un esprit supérieur et une pénétration très-rare. Dans les affaires les plus critiques, son génie pliant et adroit lui suggérait des expédiens et des solutions, que l'habitude des combinaisons n'avait pas encore fournis aux plus habiles ministres du czar. Elle aplanissait des difficultés qui jetaient le Conseil dans de fâcheux embarras. L'esprit, éclairé par l'amour, semble puiser dans ses feux des lumières que le vulgaire des hommes ne connaît pas. Ainsi, du sein des plaisirs, sortaient toujours des ressources pour les besoins de l'état. Catherine semblait être le Dieu tutélaire de l'empereur. Elle était instruite de tous ses projets; les grandes vues de Pierre étaient toujours soumises au conseil ingénieux de cette amante qui, dans l'obscurité de sa retraite, maintenait son pouvoir par ses charmes et par son génie.

De nouveaux droits cimentèrent encore sa puissance. Elle devint mère de la princesse Anne, qui fut mariée au duc de Holstein-Gottorp, et ensuite de la princesse Elisabeth, qui devint impératrice de Russie. Cette double chaîne, que la politique de Catherine avait l'art de resserrer, la rendit encore plus précieuse au souverain. Ces deux amans ne se quittaient plus, et dans leurs comités avec les ministres, sur les intérêts divers des puissances voisines, et des principales familles de la Russie, la favorite apprenait toutes les ruses de la politique européenne et des intrigues nationales. C'est dans ces sources qu'elle puisa les savantes maximes d'état qu'elle suivit, lorsqu'elle eut occasion de développer les grandes qualités qu'elle devait à la nature, et qui donnèrent tant d'éclat à son règne.

Jusqu'ici l'on n'a vu que des amans qui partagent tous leurs plaisirs, et que l'intérêt de la gloire guide autant que l'amour; mais l'amour d'une femme se refroidit bientôt, si de nouveaux alimens n'entretiennent son feu. Tant que Catherine douta du cœur de son maître, elle fut adroite, insinuante, artificieuse; elle n'aspirait qu'à lui procurer du plaisir, et semblait dédaigner la place que la fortune lui présentait. L'homme tend au pouvoir et aux dignités par des bassesses, des intrigues, des cruautés ou des actions de valeur. Les moyens qu'emploie une femme pour s'avancer sont ses grâces, sa douceur, sa complaisance. Une jouissance lui donne un nouvel empire sur l'homme qu'elle enchaîne, et elle en profite pour s'élever. Catherine, bien assurée des constantes faiblesses du czar, osa concevoir l'ambitieux dessein de devenir l'épouse de son maître. Les conjonctures lui parurent favorables. La discorde régnait dans la famille royale; l'époux était mal avec son épouse; le père était mécontent de son fils. En femme habile, elle eut l'art de souffler secrètement le feu de la discorde, tandis que publiquement elle semblait employer tout pour l'éteindre.

Eudoxie (c'est le nom de l'impératrice) avait eu de Pierre, son mari, un fils nommé Alexis Pétrowitz. Son époux, après avoir traité la mère et son fils avec la plus rigoureuse indignité, répudia la mère en 1696, et la renferma dans une affreuse prison de religieuses. Le fils, rigoureusement condamné à une mort honteuse, fut assez heureux pour ne pas porter sa tête sur l'échafaud. Une mort précipitée épargna à ce père, souvent cruel, le déshonneur du supplice d'Alexis. Il mourut dans la servitude. Ces proscriptions abominables étaient, dit-on, le fruit des insinuations secrètes de Catherine, dont l'ame insidieuse dirigeait la colère de Pierre, en feignant de l'apaiser.

Il semble que les femmes aient deux ames, l'une noble, tendre, sensible, formée pour adoucir la férocité de l'homme; l'autre, adroite, ambitieuse, barbare, créée pour combiner des atrocités, et pour les exiger dans ces instans où la faiblesse ne sait rien refuser à l'amour. Je n'ose prononcer sur cette question; la nation, que Catherine a gouvernée a tout vu, et l'a sans doute jugée. Je dirai simplement que les faits, qui suivirent le parricide du czarowitz, paraissent la condamner.

Après la retraite de sa rivale Eudoxie, elle prit sa place dans le lit de son souverain; et nous verrons bientôt qu'elle eut encore assez de pouvoir pour faire substituer au fils du malheureux Alexis, légitime héritier de la couronne, les enfans qu'elle avait eus d'un commerce illégitime, et si scandaleusement disproportionné; cependant tous ses artifices n'émoussèrent pas les bruits que la jalousie, l'intrigue, la méchanceté, l'attachement des peuples pour le sang de leurs maîtres, lançaient contre la maîtresse de l'empereur. L'esprit de parti fouilla dans tous les lieux de Marienbourg, pour y trouver des preuves du mariage de Catherine avec le traban, et de l'existence de ce soldat. L'on prétendit qu'il avait été fait prisonnier à la bataille de Pultawa, et qu'il fut ensuite transféré à Moskou. Ma sincérité ne me permet pas de taire les propos qui se tinrent alors. Je vais les répéter fidèlement d'après le mémoire qui nous les a transmis.

C'est à Moskou, dit-on, que ce traban apprit la singulière fortune de sa femme, et sur cette nouvelle équivoque, il osa fonder des espérances d'élévation, qu'il confia au commissaire russe chargé du détail des prisonniers, et qui précipitèrent sa perte. L'officier, qui fit au czar le rapport de cette aventure, eut ordre de faire partir en diligence le traban pour la Sibérie, avec les autres prisonniers. Celui-ci n'obtint que la triste distinction d'être relégué dans le coin le plus reculé de cette province, où il finit ses jours misérablement (en 1721), trois mois avant la paix entre la Suède et la Russie.

L'aventure du traban occasionna dans la suite des démêlés sanglans entre les partisans d'Alexiowitz, et les défenseurs du duc de Holstein, dont l'épouse était née du vivant de son beau-père. La légitimité de sa naissance fut long-temps contestée; et sans le crédit que Catherine avait sur les esprits des Russes, la question aurait, sans doute, été décidée en faveur de l'infortuné petit-fils de Pierre-le-Grand.

Après la bataille de Pultawa, que ce prince avait gagnée sur Charles XII, il fit dans Moskou une entrée triomphale, à l'exemple des Romains. Quatorze mille prisonniers suédois précédaient le vainqueur.

Tranquille désormais du côté de la Suède, il méditait depuis long-temps une expédition contre les Turcs qui s'étaient trop ouvertement déclarés en faveur de son ennemi, et il s'y prépara par un acte de religion. Il prit le parti d'épouser secrètement son amante. Il ne fut arrêté que par une difficulté. Catherine, sans le savoir, était née dans la religion romaine, et avait été élevée dans la luthérienne, chez M. Gluck. La main d'un empereur valait bien la peine de sacrifier ses premiers préjugés. Catherine, après avoir abjuré le catholicisme et le luthéranisme, se disposa à recevoir un nouveau baptême. Selon le rit de l'église russe, qui est grecque, ce sacrement n'imprime pas un caractère ineffaçable. Ainsi elle rebaptise, non seulement ceux qui l'ont été dans les autres communions chrétiennes, mais encore les Russes qui rentrent dans le sein de leur église, après l'avoir abandonnée. Ce rit, qui se rapproche des premiers usages de l'église chrétienne, est très-gênant et sujet à de fâcheux inconvéniens. Il exige que le néophyte soit plongé trois fois nu dans une rivière, ou dans une grande cuve d'eau froide. Pendant cette triple immersion, le pope ou le ministre le soutient sous les aisselles. Aucun état, aucun âge, aucun sexe n'est dispensé de cette indécente cérémonie. L'effronterie d'un pope triomphe de toutes les raisons que la bienséance et la pudeur ne cessent d'opposer au ridicule et à l'impudence de ce rit scandaleux.

Catherine y fut donc soumise; et la princesse Marthe, sœur de l'empereur, s'empressa ensuite d'assurer l'union de cette fille avec son frère. La célébration du mariage se fit sans bruit (le 17 mars 1711), le jour même que le czar partit avec elle, pour aller combattre les Ottomans. L'on doit s'étonner de voir cette princesse mettre tant de chaleur pour accélérer un mariage qui, selon ses idées, devait déshonorer le trône et le souverain. Mais Marthe, qui aimait beaucoup son frère, et qui avait pour le mérite de Catherine une considération singulière, détestait Eudoxie, qu'elle craignait de revoir à la cour, et que ce nouveau mariage en écartait irrévocablement.

Le mariage du czar ne fut pas long-temps caché. Au bout de quatre mois, ce n'était plus un mystère. La ville et les provinces s'en entretenaient, tandis que Pierre, délivré de la gêne, s'occupait de son expédition contre les Turcs. Il marcha à leur rencontre, avec une imprudence qui ne prouvait que trop le mépris qu'il affectait pour cette puissance, et il ne tarda pas d'en être la victime. Il était perdu, sans le génie de Catherine.

Son ardeur pour la victoire le fit voler au-devant de ses ennemis qu'il voulait prévenir. Il est probable qu'il ne s'était pas fait instruire de la position du terrain qu'il se proposait d'occuper, et s'il en fut instruit, son imprudence est impardonnable. Un général ne s'engage jamais, à moins d'y être forcé, dans des défilés difficiles, sans être sûr d'une retraite. Pierre, qui eut le malheur de commettre cette faute, fut bientôt serré de près dans un détroit formé par la rivière du Pruth. Il s'aperçut trop tard du danger qu'il courait, et il ne voyait aucune issue pour s'échapper. L'armée des Turcs, forte de 150,000 hommes, l'entourait de toutes parts ; il ne pouvait lui opposer que 30,000 soldats, épuisés de fatigues et d'une longue marche dans des pays arides et déserts. Pour comble de malheur, les provisions lui manquaient. Depuis trois jours, l'armée était sans pain ; les soldats, couchés sur leurs armes, demandaient l'esclavage ou la mort. Désespéré de sa honteuse position, le czar se retira dans sa tente, perdit le courage, s'abandonna à une douleur insensée, lorsqu'il fallait chercher son salut dans les ressources du génie ; étendu sur son lit, il fit défendre que personne osât pénétrer jusqu'à lui.

Catherine qui l'avait suivi se montra aussi courageuse qu'il était abattu. Elle entra dans sa tente malgré sa défense, et de ce ton qui étonne et qui relève l'éclat de la beauté, elle lui dit : *Avant de se livrer entièrement au désespoir, il y a encore un expédient à tenter. Il faut conclure une paix, la moins désavantageuse qu'il sera possible, en corrompant, à force de présens, le caïmacan et le visir Méhémet-Battagi. Je vous réponds du succès de la tentative, par la connaissance que j'ai du caractère de ces deux ministres. Le comte de Tolstoi m'en a fait la peinture dans les dépêches qu'il m'a fait lire.* Et sans donner au czar le temps de répondre, elle lui indique dans l'armée un homme qu'elle jugeait propre à conduire habilement cette intrigue. Elle conclut que, sur-le-champ, il fallait l'envoyer au caïmacan, pour sonder cette ame vénale. Après ces derniers mots, elle sort de la tente, cherche l'homme indiqué, l'amène au czar, et en présence du monarque, lui donne elle-même toutes les instructions nécessaires pour assurer le succès.

Le député était déjà bien loin, lorsque l'empereur, revenu à lui-même, regarde fixement Catherine, admire ses ressources et en approuve le plan : *Votre expédient est merveilleux*, lui dit-il, après un instant de réflexion ; *mais où trouverons-nous tout l'argent nécessaire pour rassasier ces ames avides? Elles ne se paieront pas de simples promesses. Dans votre camp*, répond Catherine ; *j'ai mes pierreries, et j'aurai, avant le retour de notre homme, jusqu'à la der-*

nière obole de l'argent qui est ici. La seule chose que je demande, c'est que vous ne vous laissiez pas abattre, et que par votre présence vous veniez ranimer le courage de vos soldats. Du reste, laissez-moi faire, je vous réponds qu'au retour de notre agent, j'accomplirai exactement les promesses qu'il aura faites de notre part aux ministres de la Porte, fussent-ils encore plus avides.

Le czar, enchanté de la généreuse libéralité de Catherine, l'embrasse affectueusement, quitte sa tente, et se rend au quartier du général Shemeretof. Catherine cependant, l'ame remplie de son projet, et animée par l'espoir du succès, monte à cheval, parcourt tous les rangs de l'armée, caresse les soldats, réveille leur courage anéanti, et, portant la parole aux officiers, elle leur dit : *Mes amis, nous sommes ici dans une conjoncture où nous ne pouvons sauver notre liberté qu'aux dépens de notre vie ou de nos richesses. En prenant le premier parti, qui est de mourir les armes à la main, notre or et nos bijoux nous deviennent inutiles. Employons-les donc à éblouir des barbares, pour les engager à nous ouvrir un passage. On travaille à cet effet. J'y ai déjà sacrifié la meilleure partie de mes pierreries et de mon argent. Ce qui m'en reste est tout prêt pour être remis à un négociateur dont j'attends le retour, s'il réussit, comme je l'espère, dans sa mission. Mais ce que je possède ne suffit pas pour satisfaire l'avidité des hommes à qui nous avons à faire; il faut encore que chacun de vous y contribue. Qu'as-tu à me donner*, dit-elle ensuite à chacun en particulier! *Remets-le moi tout à l'heure. Si nous sortons d'ici, tu le retrouveras au centuple, et j'en ferai le rapport à l'empereur, à notre père commun.*

Catherine étala tant de charmes, parla avec tant de grâces et d'enthousiasme, que le plus pauvre soldat mit à ses pieds tout ce qu'il possédait. A l'abattement de l'armée succédèrent, dans tout le camp, le courage et l'espoir d'un meilleur sort; cet espoir ne fut point trompé. L'arrivée du député mit le comble à la joie publique, en assurant que le visir était disposé à recevoir des commissaires munis de pleins pouvoirs pour traiter de la paix. Pendant le cours de cette manœuvre hardie, Charles XII et son ministre Poniatowski employaient toutes les ruses de l'intrigue, tous les ressorts du génie, pour tirer le plus grand parti de la faiblesse du czar et des forces du visir. *Il ne te faut que des pierres*, disaient-ils à Méhémet-Battagi, *pour écraser tes ennemis. Ces armes seules suffisent pour te livrer le czar; et jusqu'au dernier de son armée, mort ou vif.* En dépit des efforts de Charles XII, le traité de paix fut conclu. Dès le lendemain, les vivres entrèrent en abondance dans le camp des Russes; et le lendemain, l'armée bien pourvue plia ses tentes, regagna ses foyers et reprit des forces, pour consommer la ruine de la Suède, vers la mer Baltique.

Catherine, à qui la Russie était redevable de cette précieuse paix, jouissait modestement de sa gloire. La reconnaissance du peuple et des soldats n'en fut que plus vive; les éloges de l'impératrice se répétèrent de cercle en cercle; l'empire entier retentissait de l'importance des services qu'elle venait de rendre, et qui sauvaient la nation. Cette gloire, ces éloges, cet enthousiasme général pour Catherine, portèrent de nouveaux feux dans le cœur du czar. En politique habile, il sut profiter de ces conjonctures, pour manifester et faire approuver son goût. Bientôt il rendit public le mariage qu'il avait contracté.

Catherine, dont la prudence égalait l'artifice, feignit de s'opposer à cette déclaration qu'elle souhaitait depuis long-temps. Elle prévoyait bien que ce désintéressement ne ferait qu'enflammer davantage son bienfaiteur; elle ne se trompa point. Toutes les grâces, depuis cette époque, passèrent par ses mains. Pour éterniser sa gloire, et la mémoire de la malheureuse affaire du Pruth, le czar institua, en l'honneur de son épouse, l'ordre de Sainte-Catherine, dont elle fut nommée grande maîtresse; et il ordonna que désormais elle l'accompagnerait dans ses armées et dans ses voyages divers. L'on eût dit que Catherine seule avait le secret de donner du ressort à son génie. En conséquence de cet ordre, si flatteur pour l'ambition d'une femme, Catherine visita plusieurs cours d'Allemagne, avec son auguste époux. Elle le suivit jusque dans la Perse ; et ce qui fait autant d'honneur à son sexe qu'à son génie particulier, partout elle lui fut utile ; partout elle lui donna les conseils les plus prudens. Loin de s'exposer aux reproches de l'ingratitude, Pierre porta la reconnaissance au-delà des bornes de la politique vulgaire. Il se décida à partager son empire avec sa femme ; il la nomma impératrice de toutes les Russies, avec un ordre exprès, à tous ses sujets, de lui prêter le serment de fidélité, comme à celle qu'il désignait pour régner après sa mort. Dans l'enthousiasme où était le peuple du mérite de Catherine, le czar était sûr qu'il approuverait toutes les faveurs dont il jugerait à propos de récompenser les bienfaits de Catherine. Cette persuasion l'engagea à une démarche irrégulière, et qui pourtant eut l'aveu de la nation. A la formule du serment pour le couronnement de Catherine, les Russes ajoutèrent, sans murmures, que cette souveraine jouirait encore du droit de se choisir un successeur.

La

La déclaration pour le couronnement fut à peine arrêtée, que l'empereur la rendit publique. La cérémonie s'en fit avec une pompe magnifique à Moskow, qui pour lors était la capitale de l'empire. Le czar lui-même mit la couronne impériale sur la tête de son ange tutélaire (c'est ainsi qu'il la nommait). Il fit porter le globe et le sceptre devant elle, et l'emmena ensuite dans sa nouvelle ville de Pétersbourg, où les réjouissances égalèrent l'éclat et l'allégresse de la première cérémonie.

Catherine réunissait une foule de talens. Son génie, plus encore que sa beauté, avait captivé son souverain, et toute la nation applaudissait à sa gloire. Son attachement pour son époux, ou l'art de feindre de l'amour, lui faisait saisir toutes les occasions de faire sa cour, et de plaire au maître qui l'élevait si magnifiquement. Je n'en veux donner qu'un trait.

Pierre se promenant un jour dans Pétersbourg, dans une voiture découverte, accompagné d'un seul chambellan, aperçut dans une boutique une pièce de toile peinte, d'un goût nouveau. *Il faut*, dit-il, *que je fasse ce présent à Catherine.* Il acheta la pièce, et lui en fit présent. Catherine le reçut avec la reconnaissance la plus empressée, et en fit faire une robe, qu'elle voulait porter le lendemain que l'on devait célébrer la naissance de l'empereur. Une dame lui représenta que l'étiquette de la cour ne lui permettait pas de se parer d'une pareille étoffe dans un gala. *Pourquoi non*, répondit-elle? *mon époux m'a donné cette toile: en venant de sa main, elle est préférable à la plus riche étoffe de Perse.* Elle parut à la fête, revêtue de cette robe, et l'empereur, charmé d'une sensibilité si délicate, l'embrassa tendrement en présence de toute sa cour, et lui protesta une affection éternelle. Cette effusion de l'ame du czar, sous les yeux des seigneurs de l'empire, devait bien flatter l'ambitieuse Catherine.

Mais son cœur était déjà corrompu par les grandeurs; elle avait entièrement perdu de vue l'histoire du premier temps de sa vie; elle prodiguait d'une manière insupportable les mépris, lorsqu'un hasard vint l'humilier sur le trône.

Un envoyé extraordinaire du roi de Pologne à la cour de Russie, retournant à Dresde, s'était arrêté dans une hôtellerie de Curlande, et avait été témoin d'une querelle entre un des valets d'écurie et plusieurs de ses camarades qui étaient ivres. L'un d'eux jurait tout haut, et répétait tout bas que, d'un seul mot, il pouvait faire repentir ses adversaires de leur insolence; qu'il avait des parens assez puissans pour les punir. Le ministre, surpris du ton décidé de ce domestique, s'informa de son nom et de sa condition passée. On lui répondit que c'était un malheureux polonais, nommé Charles Scorrowski; que l'on croyait que son père était un gentilhomme de Lithuanie, mort trop tôt pour le malheur de cet homme, et d'une sœur qu'il avait perdue de vue depuis long-temps. Cette réponse fit ouvrir les yeux attentifs de ce ministre sur la figure du valet, et, je ne sais comment, il s'imagina, sous ses traits grossiers, apercevoir de la ressemblance avec les traits de Catherine, qui cependant étaient si noblement dessinés, dit l'histoire, qu'aucun peintre n'avait pu réussir à saisir l'ensemble de cette belle physionomie. Cette rencontre, qui aurait l'air d'une scène romanesque, si elle n'était constatée, frappa le ministre d'Auguste, et il se permit d'en faire un conte ridicule, en écrivant à un ami qui résidait à la cour de Russie.

On ne sait comment cette lettre tomba entre les mains du czar. Ce qui est certain, c'est qu'il en fit une note sur ses tablettes qu'il portait partout pour aider sa mémoire; et qu'en conséquence, il envoya au prince Repnin, gouverneur de Riga, l'ordre de découvrir Charles Scorrowski, de l'amener à Riga sous un prétexte honnête, de s'emparer de lui sans lui faire la plus légère insulte, et de l'envoyer, sous bonne garde, à la chambre de police de la cour, qu'il avait chargée de la révision d'un jugement rendu contre ce prétendu prisonnier. Cet ordre, qui était une énigme pour le gouverneur, fut exécuté ponctuellement. Charles fut amené, et l'on feignit de procéder contre lui comme contre un querelleur; il fut ensuite envoyé sous escorte à la cour, avec les informations supposées qui constataient son délit.

Scorrowski, inquiet de son sort, quoiqu'il se crût très-innocent, fut présenté au juge de police de la cour, à qui l'on avait fait la leçon, et qui traîna le procès en longueur, afin d'examiner plus à son aise le prisonnier qu'il avait ordre de sonder à fond. Pour réussir plus sûrement, il avait auprès de son homme des espions qui recueillaient toutes ses paroles; et depuis ces découvertes, l'on fit en Curlande de secrètes perquisitions qui prouvèrent évidemment que ce valet était le propre frère de l'impératrice Catherine.

Lorsque le czar en fut assuré, il fit insinuer à Scorrowski que le juge de la police ne paraissait pas disposé à le traiter favorablement, qu'il ferait sagement s'il présentait une requête au souverain lui-même, et qu'on lui fournirait non seulement les moyens de parvenir jusqu'aux pieds du trône, mais encore des protecteurs assez puissans pour l'appuyer efficacement. Scorrowski pénétra-t-il alors les moyens que l'on devait employer, et la protection dont il avait menacé ses camarades ? C'est ce que l'on ignore. Mais ce que l'on sait, c'est qu'il suivit ce conseil de la prudence, et qu'il demanda seulement de quelle manière il devait se présenter devant le souverain, qui avait tout ménagé pour une scène aussi amusante pour lui, qu'humiliante pour la hauteur de Catherine. Le souverain fit répondre qu'à un jour assigné, il irait, *incognito*, dîner chez Chapelow, son maître-d'hôtel, et qu'à l'issue du dîner il entretiendrait Scorrowski.

La majesté du monarque ne parut pas l'intimider. Il présenta noblement sa requête, qui fut moins lue que sa figure ne fut examinée. Le czar lui fit une foule de questions auxquelles, malgré son embarras, il satisfit si nettement, qu'il fut absolument démontré que Catherine était sa sœur. Néanmoins, pour écarter tous ses soupçons, le czar le quitta brusquement, et lui ordonna de revenir le lendemain à la même heure. Cet ordre ne fut adouci que par la promesse d'un jugement dont il aurait lieu d'être satisfait. Le soir même le czar soupa avec l'impératrice, et dans ce tête-à-tête il lui dit : *J'ai dîné aujourd'hui chez Chapelow, mon maître-d'hôtel, j'y ai fait une chère délicieuse; il faut que je vous y mène quelque jour; allons-y demain.* La czarine y souscrivit. Mais, ajouta-t-il, *il faut faire comme j'ai fait aujourd'hui, le surprendre au moment où il sera prêt à se mettre à table, et y aller seuls.* La partie fut liée et arrêtée.

Pierre, aussi populaire que le vulgaire des grands est impérieux, se communiquait avec une facilité qui tenait à son génie. Il allait fréquemment, à l'improviste et sans suite, chez l'officier, l'artiste ou le marchand qu'il voulait entretenir familièrement. Arrivait-il à l'heure du dîner, il se plaçait à table sans façon avec la famille qu'il honorait de sa visite, et voulait que chacun oubliât son rang. Une parfaite égalité régnait pendant le repas; trop de respect lui aurait déplu. Ce n'était néanmoins qu'avec des subalternes qu'il agissait si librement. De monarque à monarque il reprenait toute sa fierté, et ne se relâchait jamais sur le cérémonial. C'eût été lui faire ombrage que d'y manquer.

Tandis que Pierre et Catherine dînaient chez le maître-d'hôtel, l'on introduisit Scorrowski, qui s'approcha de l'empereur d'un air plus timide que la veille. Le souverain, qui affecta de ne plus se rappeler le sujet de sa requête, répéta les mêmes questions. Scorrowski fit les mêmes réponses.

C'était dans l'embrâsure d'une croisée que se tenait la conférence, et sous les yeux de Catherine, qui, assise dans un fauteuil, n'en perdait pas un mot. Chaque phrase de Scorrowski frappait ses oreilles, et le czar réveillait encore son attention en lui disant avec le ton de l'intérêt: *Catherine, écoutez un peu cela; n'entendez-vous rien à ces propos?* Elle changea de couleur, et ne répondit qu'en bégayant. *Mais*, ajouta vivement le czar, *si vous n'y comprenez rien, je le comprends bien, moi. C'est qu'en un mot, cet homme-là est votre frère. Allons*, dit-il à Charles, *baise tout à l'heure le bord de sa jupe et sa main, en qualité d'impératrice; et après cela, embrasse la comme ta sœur.*

A ces mots, qui n'étaient pas équivoques, Catherine, pâle et interdite, perdit connaissance. Lorsqu'elle fut revenue, Pierre lui dit, pour la rassurer : *Quel si grand mal y a-t-il donc dans cette aventure? Eh bien ! c'est un beau-frère. S'il est homme de bien, et qu'il ait quelque talent, nous en ferons quelque chose de grand. Mais, consolez-vous, je ne vois rien dans tout cela dont on doive s'affliger. Nous voilà présentement éclaircis sur une matière qui nous a coûté bien des recherches. Allons-nous-en.* Catherine se leva, demanda la permission d'embrasser son frère, et supplia l'empereur de continuer ses faveurs au frère et à la sœur.

L'on n'a pas su au juste par quel singulier hasard ce Scorrowski avait découvert que sa sœur était parvenue jusqu'au trône. L'empereur lui assigna une maison et des pensions. Il n'eut d'autre soin que celui de la représentation ; on lui ordonna de ne pas trop se répandre, et de jouir de sa fortune dans le secret.

Sa sœur qui, sans doute, fut satisfaite de cet événement, ne l'était pas trop des ressorts qui l'avaient conduit. Elle fut intérieurement humiliée d'une reconnaissance que l'amour-propre aurait voulu ménager avec plus de mesures. Une femme, montée au faîte de la gloire et des grandeurs, ne voit pas sans chagrin un empire, uniquement occupé d'elle, découvrir son néant. Son époux parut, dans cette occasion, plus frappé de la singularité de la découverte, que des extravagans préjugés de l'orgueil. Il se doutait bien qu'une esclave ne devait pas avoir une origine brillante, et il fut si peu surpris de se voir le beau-frère d'un valet, qu'il l'accueillit comme nous venons de le voir, et que son amour pour Catherine n'en fut nullement altéré. Le génie de cette femme unique l'avait enchaîné par de si puissans liens, qu'il semblait que rien ne l'en pût détacher. Une aventure que sa beauté fit naître, et qui l'exposa au dernier des outrages, peu de temps après la déclaration de son mariage, ne fut pas même capable de refroidir son époux. Nous devons ce trait à la fidélité historique. L'on y verra encore un de ces effets d'une passion brutale qui devait conduire sur l'échafaud le coupable, et qui fut la source de sa fortune.

Le sieur de Villebois, gentilhomme breton, sans fortune, et chargé d'une famille nombreuse, n'en soutenait le fardeau qu'à l'aide d'un commerce clandestin avec les interlopes anglais qui trafiquaient sur les côtes de la Bretagne. Dès l'âge de quinze ans, son fils, impliqué dans une affaire élevée au sujet de ce commerce frauduleux, fut forcé de se sauver en Angleterre; mais il y passa muni de plusieurs lettres de recommandation, qui lui valurent une place de bas-officier à bord d'un vaisseau de guerre. C'est dans cet emploi militaire qu'il eut le bonheur d'être connu du czar qui recherchait les gens hardis, et qui s'appliquait à se les attacher. Le vaisseau du jeune Villebois avait relâché au Texel, lorsque le czar, sous l'habit de matelot hollandais, et le nom de Maître-Pierre, se perfectionnait au village de Saardam, dans l'art de construire des navires. Ce prince, apprenant que la flotte anglaise allait appareiller pour retourner à Londres, prit le parti de s'embarquer à bord d'un de ses bâtimens, et de passer *incognito* dans la capitale de la Grande-Bretagne, afin d'y puiser des connaissances plus profondes de la marine. Dans le trajet, le vaisseau qu'il montait fut battu pendant près de quatre-vingts heures d'une tempête si horrible, que le capitaine et l'équipage désespéraient de leur salut. Ce seul Villebois ranima le courage affaibli des matelots, et par des principes d'intrépidité rappela l'espoir, fit reprendre les manœuvres et sauva le vaisseau.

Cette action, qui annonce le génie autant que la bravoure, devait plaire au czar, qui aimait en tout genre l'extraordinaire, les exploits audacieux. Il embrassa Villebois avec l'enthousiasme de l'admiration, s'en fit connaître, le combla d'éloges, et le sollicita vivement de passer à son service. Ce prince qui devait plus de lumières à l'instinct de la nature, que la plupart des hommes n'en acquièrent par l'étude, avait senti tout le mérite des marins. Avide de toutes les connaissances, impatient de partager avec l'Europe savante les grands hommes qui l'éclairent, il ne cessa de presser Villebois, qui se rendit aux instances de ce souverain. Il devint bientôt son aide-de-camp dans ses armées de terre, et capitaine dans ses armées navales.

Son génie, réellement original, fut encore plus touché des caresses que des récompenses du czar. Il s'attacha sérieusement aux moyens de mériter la confiance de son bienfaiteur, et ses talens la lui assurèrent avec tant de solidité, que les fautes les plus inexcusables ne purent l'ébranler. En voici la preuve.

Les Bretons passent pour être d'excellens matelots, très-bons soldats, braves jusqu'à la férocité, ivrognes jusqu'aux derniers excès, et capables, dans l'ivresse, des actions les plus abominables. Cette règle a sans doute ses exceptions; Villebois n'en fait pas une; et peut-être aucun de ses compatriotes n'a porté aussi loin l'excès de ses passions. En garde contre les débauches trop fréquentes de la Russie, il en évita les occasions. Mais soit faiblesse, soit emportement naturel, soit complaisance pour les jeunes étourdis qu'il fréquentait, Villebois tomba dans la crapule et dans la plus honteuse débauche. Déjà il avait tué trois hommes dans l'ivresse, et n'avait dû sa grâce qu'aux éminentes qualités qu'il montrait, lorsque les fumées bacchiques ne l'étourdissaient plus.

L'empereur, étant à Strélémoits, maison de plaisance à quatre lieues de Cronstad, chargea Villebois d'un message secret auprès de la czarine, qui demeurait alors au port de Caër, à l'entrée de la baie de Pétersbourg. Le froid était rigoureux, et l'eau-de-vie, sous ce climat, en est le préservatif. Villebois, qui en but largement, arriva néanmoins à Cronstad avec l'apparence d'un homme dont la raison était saine. Aucun officier du palais ne s'aperçut de la fermentation que la liqueur occasionnait dans sa tête. Aucun conséquemment ne s'opposa à l'entrevue qu'il fit demander à l'impératrice. Son malheur fut d'en attendre l'ordre dans un cabinet, dont les poêles excessivement chauffés rendaient l'air ardent; son sang en fut enflammé.

Il était dans cette effervescence, lorsqu'il

fut introduit dans l'appartement de Catherine, qui était encore dans son lit. Les dames, chargées de l'y conduire, se retirèrent par respect, afin qu'il donnât librement à la princesse le secret qui lui avait été confié. Ce frénétique, à la vue d'une belle femme étendue, perd la tête, oublie son message, et s'élance brutalement sur l'impératrice. Il a déjà consommé son attentat, qu'elle n'a pas encore eu le temps de revenir de son trouble et d'appeler ses femmes.

Les compagnons de ses débauches, qui connaissaient son organisation, avaient plusieurs fois publié hautement dans leurs orgies, que Villebois était redouté des femmes les moins cruelles. Catherine, accablée de confusion et de douleur, fut si cruellement maltraitée, qu'il fallut employer les secours de l'art pour la rétablir. Elle eut cependant la prudence de faire arrêter sans éclat ce forcené. Voyons quel jugement en porta l'empereur.

Ce souverain, souvent sévère jusqu'à la cruauté, ne répondit aux courtisans, qui lui parlèrent de cet outrage inouï, que ces mots : *Je connais assez parfaitement le naturel et le caractère de cet officier, pour être persuadé que la réflexion n'a eu aucune part à son action.* Il demanda néanmoins ce qu'il était devenu. Il était garrotté dans une prison, et il dormait tranquillement. Ce sommeil d'un furieux dans l'ivresse n'étonne pas quiconque suit les révolutions des passions humaines ; mais que doit-on penser de la réflexion du monarque ? « Je parie, dit-il, que, lorsqu'on lui demandera à son réveil, pour quel sujet il est en prison, il ne le saura pas ; et qu'en lui rapportant toutes les circonstances de son action, il n'en voudra rien croire ; cependant, comme il faut faire un exemple, qu'on le mette pour deux ans à la chaîne.

Villebois fut mis aux galères ; mais il n'y fut assujetti à aucun travail public. Le czar le rappela au bout de six mois, pour lui faire reprendre ses charges, et lui rendre son entière confiance. Est-ce mépris des préjugés les moins délicats ? Est-ce dégoût des charmes subjugués de Catherine, ou apathie dans la conjoncture la plus sensible? Lecteurs, pénétrez le cœur humain, et prononcez.

Villebois fut marié par le czar à une des filles d'honneur de l'impératrice, et on lui donna des biens considérables dans la Finlande. Je reviens à Catherine.

Cette femme, aussi ambitieuse et hautaine que le czar paraissait familier, voulait encore ménager de secrets intérêts de son cœur. L'on se lasse d'un époux, parce qu'il a le droit d'exiger. Un amant, qui ne sait qu'adorer et obéir, est sans doute préférable. Malgré les liens sacrés du mariage, qui enchaînait Catherine à son souverain, et qui méritait le sacrifice de toutes ses passions, elle ne put se défendre d'un amour dont elle manqua d'être la victime. Plus adroite jusqu'alors à ménager son pouvoir, qu'à conduire une intrigue galante, peu s'en fallut qu'elle ne fût précipitée du faîte des grandeurs, dans le néant d'où ses attraits et sa fortune l'avaient tirée.

Le favori, que sa passion et son imprudence rendirent heureux, était un chambellan, nommé *Moens de la Croix*. Son origine était française. Le fanatisme des temps avait forcé ses parens, qui de la Flandre s'étaient établis en France, de renoncer à ce royaume, que les guerres de religion rendaient aussi barbare que le génie du peuple en était aimable. Ils se refugièrent à Moskow, et c'est dans cette ville que naquit l'heureux Moens. Sa figure grande et noble avait séduit l'impératrice.

Catherine était menacée du sort d'Anne de Boulen, si les ministres n'eussent réussi à faire au moins différer la vengeance que le czar prétendait tirer de son outrage.

Ce délai, s'il ne rétablit pas le calme dans l'ame du souverain, en détourna du moins la colère sur le malheureux amant. Des commissaires furent nommés pour le juger; et ce qui peint le caractère barbare de Pierre, c'est qu'il voulut présider à la commission et interroger le coupable; cependant ces commissaires, qui mirent autant de précaution pour cacher le déshonneur du prince, que, dans sa rage, il en mettait à le rendre public, donnèrent une autre tournure au procès ; et Moens, soit pour entrer dans leurs vues, soit pour sauver la tête de Catherine, donna d'autres couleurs à son accusation, en se déclarant de lui-même coupable de diverses concussions. L'information ne fut faite que sur cet objet. L'on y fixa les yeux de la nation, en donnant au procès le plus grand appareil ; et pour réparation de ses crimes, Moens fut condamné à être décapité publiquement.

Il porta, jusque sur l'échafaud, les grâces qu'il avait mises à toutes les actions de sa vie. Il eut la présence d'esprit de demander un entretien secret avec le ministre luthérien qui l'exhortait, pour lui remettre une montre d'or, au fond de laquelle était en émail le portrait de Catherine. Il prévint à l'oreille son exécuteur, que dans la doublure de ses habits il trouverait le portrait de sa maîtresse enrichi de diamans, et il le lui donna, sous la condition d'en brûler la peinture. Un troisième portrait de Catherine était dans une tabatière d'or, et il l'avait déjà remise adroitement à un homme affidé, tandis qu'on le transportait de sa prison au tribunal.

La mort de Moens ne satisfit pas encore les ressentimens du czar.

Il proposa à Catherine une promenade en traîneau découvert, dans un quartier éloigné, où elle avait autrefois goûté avec lui les charmes de l'amour et de la solitude. Pour parvenir à cet endroit, il affecta de la faire passer au milieu de cette place, encore teinte du sang de son amant, et jouit voluptueusement de sa vengeance, en la regardant fixement pendant toute cette course. Elle eut du moins l'adresse et la fermeté de retenir ses larmes, et de ne faire apercevoir aucune émotion. Là se bornèrent les vengeances du czar. Toutes les punitions projetées furent oubliées; mais est-il vrai que Catherine ait vengé Moens par un attentat secret sur la vie de son souverain? On l'a dit, parce que Pierre mourut peu de temps après, et que la calomnie suppose toujours de la violence dans la mort des grands. Mais il est prouvé que ce monarque mourut d'une rétention d'urine, causée par un ulcère enflammé, que tout l'art de la médecine n'avait pu guérir.

Depuis long-temps il avait déposé dans

les archives du sénat un testament qui désignait l'impératrice pour lui succéder ; mais, à sa mort, le testament ne se trouva plus. Menzikof, qui d'abord avait pris si chaudement le parti d'Alexiowitz, changea subitement. Il donna des ordres en sa qualité de général, et prit si bien ses mesures, qu'il contint dans le respect et dans le silence les partisans du légitime héritier du trône. Catherine fut reconnue et proclamée.

Sa politique l'éclaira sur toute cette intrigue. Personne n'ignorait dans l'empire que son époux avait menacé ses jours ; elle affecta cependant une douleur et des regrets déchirans. Pendant les quarante jours que, selon l'usage du pays, le cadavre fut exposé aux yeux du public, elle alla régulièrement le soir et le matin soupirer, le pleurer, l'embrasser, lui baiser les mains, l'arroser de ses larmes. Quel que fut son motif, elle soutint constamment le rôle qu'elle avait joué d'abord. Elle ordonna de magnifiques funérailles ; et, malgré la rigueur excessive du froid, elle accompagna à pied, depuis le palais impérial, jusqu'à l'église où le monarque fut inhumé, à la distance d'une demi-lieue.

Le règne de Catherine ne fut pas long; mais il fut aussi doux que le gouvernement du czar avait été sévère. Elle ne changea rien cependant aux maximes politiques de Pierre, dont le système fut la boussole de son conseil. C'était un être d'une nature particulière, que cette femme célèbre. Aux grâces et aux passions de son sexe, elle réunissait le courage et l'activité du nôtre. Elle avait souvent, comme nous l'avons remarqué, suivi dans les armées son auguste époux. Les bruyantes révolutions lui plaisaient autant que la foudre des combats. Héritière du goût de Pierre pour la navigation, elle en faisait ses délices. Tous les dimanches ou fêtes de l'été, elle avait ordonné un combat naval auquel elle présidait, et ensuite elle visitait les arsenaux et les ateliers de sa marine, avec autant de plaisir qu'elle en avait à voir et à faire soigner ses chevaux qu'elle montait avec une grâce inimitable.

En 1726, les flottes combinées de l'Angleterre et du Danemarck, sous le prétexte de pacifier les troubles du Nord, mouillaient insolemment dans sa rade de Revel sur le golfe de Finlande. Ce ne fut pas sans peine que son conseil la détourna de la résolution qu'elle avait prise d'aller en personne leur demander raison de leur hardiesse et les combattre, tant elle était capable de tout entreprendre.

L'empire russe, sous son règne, acquit un lustre qui le rapprocha des états civilisés de l'Europe. La politesse, la magnificence, l'esprit social s'introduisirent à la cour de Pétersbourg, et de là ils ont gagné les peuples voisins et dépendans. Catherine, néanmoins, ne savait ni lire, ni écrire, quoiqu'elle parlât facilement le polonais, l'allemand, le suédois, et passablement le français.

Ses infidélités étaient une grande preuve de l'inconstance de son amour; mais elle se souvenait toujours avec plaisir de ceux qui avaient eu quelque part à sa tendresse. Les princes Menzikof et Sapiéha possédèrent son cœur pendant les deux dernières années de son règne. Menzikof, il est vrai, perdit sa faveur après huit ou neuf mois; mais il parut toujours avoir le titre d'ami. Sapiéha, seigneur polonais, qui était jeune, beau, bien fait, avait plus de droits sur son ame. De tels titres sont rarement dédaignés des femmes; ils l'emportent sur le vrai mérite, qui n'est pas toujours du choix de l'amour. Catherine en était si sérieusement éprise, que, pour se l'attacher, elle lui fit épouser sa nièce Scarrowki. Ce jeune comte était, par les Lekzinski, cousin du roi de Pologne Stanislas, et par les Opasinski, parent de la reine. Cette alliance procura donc à la famille de Catherine un rang illustre parmi les plus grandes maisons de l'Europe.

L'on ne croirait pas que le génie hardi de Catherine, qui avait secoué tant de préjugés, fût susceptible des faiblesses de la superstition. Elle ne doutait point que les songes ne fussent envoyés pour annoncer des événemens quelconques, tristes ou agréables. Je me contenterai de rapporter les deux derniers qui la frappèrent le plus, parce que les suites de sa vie y eurent une

espèce

espèce de rapport que les ames faibles ne manquent pas de citer pour appuyer leur confiance.

Quinze jours avant la découverte de ses intrigues avec son chambellan, elle rêva qu'elle voyait sur son lit de petits serpens qui s'approchaient d'elle, la tête levée, et avec des sifflemens qui l'inquiétèrent; mais elle en distingua un qui était d'une grosseur énorme, et qui s'était entortillé de ses pieds à la tête. Après de grands efforts pour s'en débarrasser, elle avait réussi à l'étouffer en se roulant sur lui, dans l'instant qu'il la menaçait de la mordre à la gorge. Cette victoire sur le gros serpent épouvanta les autres qui disparurent. Le bon sens aurait difficilement trouvé la clef de ce songe; les courtisans en firent l'application à son état actuel, et elle favorisa elle-même cette interprétation. *Ce songe*, disait-elle, *me présage de grands malheurs. Les petits reptiles, qui s'enfuient après la défaite du plus gros, m'annoncent que les petits ennemis secrets que j'ai à la cour se cacheront dès que le monstre principal sera étouffé.* Ce monstre, disait-on, était le czar, qui mourut peu de temps après.

Le second rêve précéda sa mort de trois mois. Elle tenait le haut bout d'une table, avec tous les ministres de son conseil. Pierre, son époux, environné d'une lumière éclatante, et vêtu à la romaine, s'était avancé vers elle d'un air de majesté et de satisfaction; il l'avait embrassée et soulevée en l'air. Ainsi élevée, elle avait regardé à ses pieds et aperçu ses deux filles, Anne et Elisabeth, entourées de gens de plusieurs nations et de figures diverses qui se battaient avec acharnement. L'intérêt, la faiblesse, la passion expliquent toutes les absurdités. Catherine n'eut pas de peine à mettre sa cour au fait de son rêve; elle annonça qu'elle mourrait dans peu de temps, et qu'après sa mort l'empire serait déchiré. Cette prédiction se vérifia encore, et ne contribua pas à guérir de ces chimériques puérilités ceux qui ont la faiblesse de s'en affecter.

Le soupçon de sa mort tomba sur le prince Menzikof, qui n'était plus dans ses bonnes grâces, et qui favorisait secrètement le grand duc de Moscovie. L'ambition ouvre la porte à beaucoup de crimes ; Menzikof voulait donner sa fille en mariage à ce prince, et ce motif a pu le porter à un homicide ; mais l'on n'a aucunes preuves qui le chargent de ce forfait. Quoi qu'il en soit, dès que Catherine eut les yeux fermés, il s'empara des rênes du gouvernement sous le nom du grand duc. Sorti du néant pour s'élever à côté du trône, ce prince eut constamment des vertus rares. Mais, on l'a déjà dit, son ame de Scythe lui attira beaucoup d'ennemis, qui regrettèrent le gouvernement de Catherine. Il finit dans la disgrâce ; et, ce qui annonce une ame forte, il la supporta aussi noblement qu'il avait eu d'insolence dans sa prospérité.

NOTES.

VARIATIONS

Dans les opinions des Hommes sur les Femmes.

BOCCACE fut le premier qui parla du beau sexe, dans ses écrits, avec un enthousiasme exagéré. Son ouvrage des *Femmes illustres* eut beaucoup d'imitateurs.

François Sardonati fit des recherches parmi les nations barbares et civilisées; il recueillit le nom de cent vingt femmes célèbres qui avaient échappé à Boccace. Bientôt après, le moine Hilarion de Costa voulut surpasser tous ses prédécesseurs par un panégyrique volumineux; mais tous les travaux du moine furent effacés par le fameux Paul de Ribera, qui accoucha d'un monstrueux ouvrage, intitulé : *Les Triomphes et les Exploits de huit cents Femmes illustres.*

Les hommes avaient commencé à regarder les femmes avec une espèce de dédain, dans les premiers âges du monde. Après, ils les avaient louées jusqu'à l'idolâtrie. Tout excès mène toujours à l'excès contraire, en tout genre. Les hommes passèrent de l'adoration pour les femmes, à les accabler de nouveaux mépris. Les écrivains, qui avaient exagéré les vertus et les attraits de ce sexe, l'accablèrent de sarcasmes et d'épigrammes. Le comte de Rochester, en Angleterre, en donna l'exemple; il fut bientôt suivi par Pope, Swift, Young. Cette manie devint générale.

SUR LES FEMMES

livrées aux Lettres.

Chez les Druzes du Mont-Liban, ce sont les femmes qui sont chargées d'instruire la jeunesse, et d'expliquer les livres sacrés de la religion.

Quand la chevalerie commença à perdre de sa dignité première, quand les hommes, rassasiés de tournois et de combats, se livrèrent aux lettres et à des goûts plus paisibles, les femmes ne tardèrent pas à les imiter, et, pour continuer à leur plaire, s'occupèrent d'instruction et de philosophie.

Comme le beau sexe est souvent exagéré dans ce qu'il entreprend, il se livra avec trop d'ardeur aux sciences; ce qui dessécha l'esprit, et nuisit aux grâces. Quand elles s'en aperçurent, elles abandonnèrent les sciences, et cultivèrent des talens plus propres à leur ouvrir le temple de l'Amour que celui de la Renommée.

Vers le seizième siècle, les hommes étaient adonnés à la fois à la galanterie et à la superstition, à la dévotion et à la débauche, comme à des choses compatibles. Le goût de l'instruction s'éclipsa. Dès-lors, les femmes, suivant toujours l'impulsion qu'on leur donna, s'abandonnèrent à la plus grossière ignorance.

Toute cette oscillation que l'on a même remarquée depuis, avec des degrés moins frappans, a tenu au vice d'éducation qui devait résulter de la différente opinion des hommes sur les femmes. Elles ont été sur ce point, comme sur tant d'autres, les jouets de notre sexe.

En Asie, où l'on ne regarde les femmes que comme des instrumens de volupté, on ne leur apprend que des choses faites pour corrompre leurs cœurs, en animant leurs sens.

En Afrique, où les soins de l'agriculture sont seuls confiés aux femmes, on ne leur apprend qu'à supporter patiemment la tyrannie de leurs maîtres paresseux et impitoyables.

Dans une grande partie du nord de l'Amérique, on a pour maxime fondamentale de ne jamais battre un enfant dans son éducation, soit fille, soit garçon. Lorsqu'un enfant fait une faute, sa mère pleure, et ses larmes ont plus d'effet que toute autre correction. Quand la faute se récidive, la plus grande correction est de jeter un verre d'eau au nez de l'enfant.

Au Groënland, on élève les garçons sur des peaux de panthères, afin qu'elles leur communiquent la force et l'agilité de cet animal sauvage.

Les filles sont élevées sur des peaux de faon et d'autres animaux timides, afin qu'elles en prennent la douceur.

COMPARAISON DES DEUX SEXES.

Pour bien juger des propriétés des deux sexes, il faudrait qu'ils fussent livrés aux mêmes occupations, et partout les caprices des hommes leur en donnent de différentes.

Excepté chez quelques peuples de l'antiquité, partout les femmes n'étaient livrées qu'aux soins intérieurs du ménage ou au désœuvrement.

Chez les *Phéniciens* cependant, qui étaient fort livrés au commerce, il paraît que les femmes tenaient les livres, les comptes, les écritures, et étaient même chargées de différentes transactions.

De tous les peuples civilisés, ce sont les Turcs qui abandonnent leurs femmes à la plus grande oisiveté. Leurs sérails, prison ornée, d'où elles ne sortent pas, sont embellis d'un jardin dans lequel, pour tout amusement, on leur permet de s'asseoir, de travailler à quelque ouvrage de broderie, ou d'entendre les contes de quelques vieilles matrones, qui les endorment plus qu'ils ne les amusent.

Comment pourrait-on faire un crime aux femmes indiennes de se livrer à des intentions voluptueuses; quand on songe à l'institution des *balladères*, sorte de danseuses qui parcourent le pays, avec le seul projet d'animer les passions et les sens des hommes qui les voient?

Ces belles filles sont communément accompagnées

d'un vieux musicien, d'une figure hideuse, qui bat la mesure sur un instrument de cuivre appelé *tom*, répétant à chaque mesure le nom de cet instrument, avec une sorte de frénésie. Les balladères expriment dans leurs danses toutes les passions de l'amour; elles sont si belles, si voluptueuses, et mises si richement, qu'elles enivrent et les sens et les yeux. Elles-mêmes étourdies par la rapidité de leur danse, et par l'odeur des essences qu'elles répandent autour d'elles, tombent, à leur tour, dans la même frénésie voluptueuse.

Les hommes, qui provoquent ces institutions si opposées aux mœurs, peuvent-ils, dans la comparaison des deux sexes, s'en servir contre les femmes.

On prétend que jamais la religion chrétienne n'a trouvé les femmes dignes d'être élevées à la dignité de la prêtrise.

Sous Charlemagne, s'il ne se trouvait aucun homme dans la chambre d'un mourant, une femme avait le droit de le confesser.

Les chrétiens leur permirent d'administrer le baptême.

Ils avaient donc recours aux femmes dans les besoins urgens, et les humiliaient dans les circonstances de la vie.

SUR QUELQUES LOIS

relatives aux Femmes en Angleterre.

Il n'y a nulle comparaison du sort apparent des femmes en France, en Italie et en Angleterre. Au premier coup-d'œil, on croit qu'il vaut mieux naître française; cependant les lois anglaises, sous plusieurs rapports, semblent être plus justes envers elles.

Les privilèges des femmes, en Angleterre, sont plus conformes à la justice, à l'humanité, que s'ils étaient dus à la galanterie.

En France, en Italie, on a beaucoup plus de coquetterie pour elles, et moins de véritable bienveillance. On cherche à leur plaire, à les séduire; mais toutes les lois pèsent sur elles.

En apparence, dans quelques pays de l'Europe, les lois, ou, pour mieux dire, les usages, semblent plus favorables aux femmes qu'en Angleterre.

En Prusse, par exemple, les lois, faites par le grand Frédéric pour les mariages, pour la liberté individuelle des femmes, paraissent de ce nombre.

En Espagne, elles accordent encore plus de privilège à ce sexe; mais ce ne sont que des institutions partielles et presqu'individuelles.

En Angleterre seulement, le code entier des lois sur les femmes s'occupe avec sagesse du destin des femmes sans distinction, et cette nation estimable prouve, sous ce rapport, comme dans tout, que la justice et la raison sont toujours les guides de leurs décisions.

En France, la loi salique exclut les femmes du trône.

En Angleterre, une femme peut être le premier personnage de l'Etat. Elle succède à la couronne, et peut se marier sans rien perdre de son autorité. Son mari n'est que son premier sujet. Quand, au contraire, un roi se marie, sa femme est dispensée de la loi qui prive son sexe marié de posséder des propriétés ou possessions personnelles. On lui accorde une cour, une maison particulière de celle de son mari. La reine peut suivre un procès en son nom, et indépendamment de son mari. Elle peut tester. Aucun tribunal ne peut la condamner à une amende. Une reine douairière garde tous les droits dont elle jouissait avant la mort de son mari. Elle peut épouser le dernier de ses sujets, sans perdre son rang ni son titre.

Mais pour ne pas exposer ainsi sa dignité, elle ne peut contracter cet engagement que du consentement du roi régnant.

Les femmes des pairs, celles qui possèdent particulièrement une pairie, ne peuvent être jugées que par la cour des pairs. Une femme titrée, qui épouse un simple particulier, ne perd point son titre, et le transmet à ses enfans. Une particulière qui épouse un pair est annoblie. Elle perd son titre, si, après la mort de son mari, elle épouse un simple particulier.

Les lois sont toutes dirigées pour protéger la faiblesse. Si un homme, par surprise ou par force, oblige une femme de l'épouser, il est condamné à deux ans de prison et à une amende arbitrée par le roi. Celui qui épouse une héritière, après l'avoir enlevée, est jugé coupable de félonie.

Jamais une femme mariée ne peut être contrainte à payer les dettes qu'elle a contractées sans l'aveu de son mari. On dit même que les dettes qu'elle a contractées, même étant fille, tombent à la charge du mari ; ce qui me paraît peu probable. Si une femme quitte son mari sans son consentement, il n'est point obligé de payer ses dettes, ni de lui faire une pension ; mais s'il la reçoit, de ce moment il se charge de tout. Si une femme est maltraitée par son mari, elle le prouve ; elle s'éloigne ; il est chargé de sa subsistance, et non des dettes qu'elle peut faire. Un mari, maltraitant sa femme, veut-il la dérober à tous les yeux ? la famille de la femme s'assemble, présente une requête au banc du roi, qui force l'époux de représenter la femme. Si elle demande la séparation, il ne peut la refuser..... Si une femme, accompagnée de son mari, commet le crime de félonie, le mari reste seul chargé du crime. La loi suppose toujours, dans ce cas, l'impulsion du mari.

Si une femme cache son mari poursuivi pour un crime, on ne considère que le mouvement de la nature, et jamais la loi ne punit un sentiment.

Quoique la loi donne en propriété au mari les bijoux de sa femme, il ne peut, par testament, disposer de ceux qu'elle a l'habitude de porter.

Une femme, en se mariant, peut faire rédiger l'acte de manière à se réserver le droit de régir sa fortune particulière. Lorsqu'un mari meurt, sa femme a toujours droit à une dot qui assure son aisance.

L'origine des dots, en Angleterre, n'est pas bien connue. Quelques auteurs ont cru que cet usage avait été introduit par les princes danois, et en Danemarck, par Swein, le père du grand Canut, qui fit présent aux femmes de ce privilège, pour les remercier de la noblesse avec laquelle les Danoises sacrifièrent leurs bijoux pour racheter ce prince, lorsqu'il était prisonnier chez les Vandales.

Croyons plutôt que les Anglais établirent cette loi nécessaire par justice et non par imitation. Une veuve, en Angleterre, a droit à son douaire, même en contractant un second mariage, si elle a vécu avec son mari jusqu'au jour de son décès; mais le divorce anéantit tous ses droits.

Il semble que du temps de Guillaume-le-Conquérant, une femme qui se mariait avant l'année expirée perdait son douaire. Cette loi n'est plus en vigueur; mais l'opinion la diffame.

Il est à remarquer qu'en Angleterre, où les femmes peuvent régner, où les soins habituels de l'intérieur du ménage leur sont abandonnés, elles ne peuvent posséder aucun emploi, aucune charge qui les conduisent à la considération. A peine les Anglais permettent-ils qu'elles partagent les soins de leur commerce et qu'elles se mêlent à leurs occupations ; ils ne mettent aucun emploi public, auquel l'intelligence d'une femme puisse s'élever, entre l'administration d'un royaume et les soins communs d'un ménage. Les femmes ne succèdent jamais aux propriétés territoriales, qu'au défaut d'enfans mâles. Le père meurt-il sans testament, elles ne partagent que le mobilier avec leurs frères.

FIN DU TOME SECOND.

Livres nouvellement publiés chez le même Libraire.

Nouveau Dictionnaire de la langue françoise, le plus portatif et le plus complet, ou Manuel d'orthographe et de prononciation, par M. Marguery, professeur de belles-lettres. Cet ouvrage contient, 1° les mots de la Langue française en plus grand nombre que dans aucun autre vocabulaire, suivant l'orthographe de l'Académie, avec la concordance de celle de Voltaire ; 2° la nouvelle Nomenclature chimique et les termes de Sciences et d'Arts, dérivés des langues anciennes ou étrangères; 3° la définition grammaticale de tous les mots, et leur signification avec leurs nouvelles acceptions ; 4° la formation du féminin et du pluriel dans les noms substantifs et adjectifs ; 5° la conjugaison des verbes ; 6° la prononciation, quand elle est irrégulière.

Il existe déjà plusieurs dictionnaires de la Langue françoise, intitulés *portatifs* ou *de poche* : mais soit par la grandeur ou par la grosseur du volume, ils sont loin de justifier ce titre. Les uns, d'ailleurs, ne donnent que les mots de l'Académie ; les autres se sont contentés d'y ajouter seulement une partie des mots que cette compagnie savante n'a pas encore admis.

Ma profession de libraire m'a souvent mis à même de remarquer que, tout en possédant un dictionnaire, qui s'annonce pour avoir cinq ou six mille mots non classés dans les autres vocabulaires, on regrette de n'en pas trouver une quantité qu'on rencontre journellement, et dont on a besoin, soit pour le sens ou pour l'orthographe : à la vérité on a cinq à six mille mots non compris dans la nomenclature de plusieurs dictionnaires, lesquels, à leur tour, en ont quelques milliers d'autres non compris dans celui qu'on possède.

Il en résulte que le Public n'est point satisfait de ces choix divers, parcequ'il lui serait plus convenable de trouver tous les mots quelconques réunis dans un seul dictionnaire, sans être restreint par le goût d'un vocabuliste, qui rejette ce qu'un autre a recueilli.

Ce dictionnaire contient donc une nomenclature à peu près du double plus étendue que celle de l'Académie, étant composée, 1° de tous les mots compris dans les divers dictionnaires qui ont paru jusqu'à ce jour; 2° d'une grande quantité de mots recueillis dans les ouvrages historiques, dans les journaux, etc., qui n'avaient encore été classés dans aucun vocabulaire; 3° des mots nouveaux et des mots rajeunis; et enfin de ceux qui, malgré la fréquence de leur usage, ont néanmoins été omis dans tous les dictionnaires, tels que les suivans : *Bouffe*, *discrétionnaire*, *flâner*, *ramonage*, *sociétaire*, *spencer*, *suicider*, *tulle*, etc., etc. Mais, pour empêcher que cette nombreuse nomenclature n'égarât les jeunes écrivains, et afin que ce dictionnaire pût faire autorité comme celui de l'Académie, on a marqué d'un astérisque (*) tous les mots que ce dernier ne donne point.

Pour parvenir à faire entrer autant de matière dans un petit volume, il a fallu employer un papier très-fin et un caractère serré : il n'en résulte toutefois aucun inconvénient; un dictionnaire n'exige pas une lecture suivie; il n'est guère consulté que momentanément.

On s'est conformé à l'orthographe de l'Académie, arbitre suprême dans cette matière; cependant l'orthographe de Voltaire étant adoptée aujourd'hui par beaucoup de littérateurs, et plus encore par les gens du monde, on a cru devoir en donner la concordance qui ne se trouve pas communément dans les vocabulaires : ils ne donnent que l'une ou l'autre exclusivement.

La prononciation n'est figurée que quand elle est irrégulière, parce qu'au lieu d'être utile, il est plutôt nuisible de l'avoir sur les mots qu'on prononce naturellement bien.

Enfin tous les soins qu'on a mis à la confection de ce dictionnaire, qui est vraiment *le plus portatif et le plus complet*, m'autorisent à le désigner comme le plus commode et le plus utile.

Prix, broché	5 fr.	
Relié en basane.	5	75 c.
En veau, d'une reliure élégante, par Simier, relieur du Roi . . .	7	

Les Fastes de la Gloire, ou les braves recommandés à la postérité; monument élevé aux défenseurs de la patrie. Les deux premiers volumes sont en vente; le troisième et dernier paraîtra en mars.

Prix de l'ouvrage par souscription . . . . 18 fr.

Cet ouvrage, composé d'une multitude d'actions éclatantes, de traits particuliers de bravoure, de grandeur d'ame, de désintéressement, d'humanité, de mots heureux, d'actes d'héroïsme, de persévérance, et de dévouement, a pour but de suppléer au silence de l'histoire, qui ne reproduira que les masses sans s'arrêter aux détails; qui parlera de la gloire de nos armées, mais qui taira les exploits de ces braves qui n'auront brillé que dans des rangs subalternes. Dans le 3e volume de ce recueil se trouvera un précis historique des guerres de la révolution, par M. Tissot, professeur de poésie latine, et l'un des auteurs de la Minerve, qui pourra tenir lieu de tout ce qui a été écrit jusqu'à ce jour sur cette matière. Les Fastes de la Gloire, en désignant individuellement d'une manière exacte les braves à l'admiration publique, formeront une nouvelle Légion-d'honneur, où des services réels auront seuls motivé l'admission. C'est l'honneur des familles; c'est la gloire de la nation!

Collection de cinquante gravures, représentant des sujets militaires ou belles actions des guerriers français, racontées dans les Fastes de la Gloire, dessinées et gravées par les plus habiles artistes de la capitale.

La 1re livraison, composée de vingt-cinq gravures, paraît; la 2e paraîtra fin d'avril.

Le prix pour les souscripteurs aux Fastes, pour les deux livraisons. . . . . 25 fr.

Pour les non souscripteurs 37

www.ingramcontent.com/pod-product-compliance
Ingram Content Group UK Ltd.
Pitfield, Milton Keynes, MK11 3LW, UK
UKHW031833260826
14628UKWH00001B/368